मातृसत्ता, पितृसत्ता और जारसत्ता

खण्ड-एक

कामसूत्र की सन्तानें

'मातृसत्ता, पितृसत्ता और जारसत्ता'
पर
डॉ. धर्मवीर की
स्त्री-पुरुष के सम्बन्धों पर
पुस्तक-शृंखला

खण्ड-एक : कामसूत्र की सन्तानें
खण्ड-दो : तीन हिन्दू स्त्रीलिंगों का चिंतन
खण्ड-तीन : प्रेमचन्द : सामन्त का मुन्शी
खण्ड-चार : थेरीगाथा की स्त्रियाँ और डॉ. अम्बेडकर
खण्ड-पाँच : दलित सिविल कानून

In English

Bijak Paternity
or
Back to the Ajivak Morals

सम्पादन : सीमन्तनी उपदेश

मातृसत्ता, पितृसत्ता और जारसत्ता

खण्ड-एक

कामसूत्र की सन्तानें

डॉ. धर्मवीर

वाणी प्रकाशन

वाणी प्रकाशन का 'लोगो'
विख्यात चित्रकार मक़बूल फ़िदा हुसेन की
कूची से

ISBN : 81-8143-384-X

वाणी प्रकाशन
21-ए, दरियागंज, नयी दिल्ली-110002
द्वारा प्रकाशित

फोन : 0091#11#23273167, 23275710
फैक्स : 0091#11#23275710
ई-मेल : vaniprakashan@gmail.com
vani_prakasha n@yahoo.com
वेबसाइट : www.vaniprakashan.com

प्रथम संस्करण : 2005
आवृत्ति : 2009

आवरण : वाणी प्रकाशन
आर. टेक ऑफसेट प्रिंटर्स, दिलशाद गार्डन,
दिल्ली-95 द्वारा मुद्रित

मूल्य : 150.00

MATRASATTA, PITRASATTA AUR
JARSATTA KHAND-EK
KAMSUTRA KI SANTANEIN
by : Dr. Dharam Veer

भारत के संविधान के
समता के मूल अधिकार वाले अनुच्छेद 15(3) को
जिस में लिखा गया है–
"इस अनुच्छेद की कोई बात राज्य को
स्त्रियों और बालकों के लिए
कोई विशेष उपबन्ध करने से निवारित नहीं करेगी।"[1]

---

1. भारत का संविधान, 7 फरवरी, 2003 को यथा विद्यमान, विधि साहित्य प्रकाशन, भारत सरकार, भारतीय विधि संस्थान भवन, भगवानदास मार्ग, नई दिल्ली-110001, संस्करण 2003, पृ.-7

भूमिका

स्त्री-सम्बन्धी विषय पर मेरा लेखन 'एक अज्ञात हिन्दू औरत' की लिखी पुस्तक 'सीमन्तनी उपदेश' की ऐतिहासिक खोज और उस के सम्पादन से शुरू हुआ था। उस लेखन को आगे बढ़ाते हुए अब अपने पाठकों के सामने 'मातृसत्ता, पितृसत्ता और जारसत्ता' के शीर्षक की शृंखला में पाँच पुस्तकें रख रहा हूँ।

एक दलित होने के नाते मैं स्त्री का कभी विरोधी नहीं रहा। मैं जिस आजीवक परम्परा में हूँ, उस में कोई भी चिन्तक स्त्री-विरोधी नहीं हो सकता। जो स्त्री और पुरुष दोनों के विरोधी हैं, वे संन्यासी लोग हैं, चाहे वे बौद्धों के हों, जैनियों के हों या ब्राह्मणों के हों—और जो व्यवस्था स्त्री को वेश्या और रखैल बनाती है, वह निश्चित रूप से स्त्री-विरोधी है।

राष्ट्र, समाज और राज्य परिवार से थमते हैं और परिवार सदाचार से थमता है। यदि परिवार से सदाचार चला गया तो राष्ट्र, समाज और राज्य हाथ ने निकल जाते हैं। साथ ही, परिवार से बाहर धर्म की साधना धर्म और अध्यात्म को निरर्थक कर देती है। भारत में, मोक्ष, निर्वाण और कैवल्य के माध्यमों से यही सब गलत होता रहा है।

साहित्य और कला में सौन्दर्यशास्त्र किसी की बपौती नहीं है। दलित की अपने जीवन और इस सृष्टि की हर सुन्दरता से पूरी अपनायत है। उस का सौन्दर्यशास्त्र किसी ब्राह्मण से सापेक्ष नहीं हो सकता। और जो लोग व्यभिचार और जारकर्म को सौन्दर्यशास्त्र से जोड़ते हैं, उन्हें जेलों में होना चाहिए। व्यभिचार और जारकर्म को धर्म, अध्यात्म या साहित्य के नाम पर बर्दाश्त नहीं किया जा सकता। आजीवकों के सदाचार का सौन्दर्य जारकर्म की गन्दगी और नीचता से अलग और ऊपर है।

बच्चों के हक में सोचते-सोचते हम परिवार तक आए हैं, लेकिन परिवार के किसी भी नियोजन में यह पहले से ही सम्मिलित रहता है कि बच्चों की पैदायश वैवाहिक पति से हो—और मैथुन विवाह से बाहर न हो। मनुष्य को इतना सभ्य बनना ही है, चाहे वह ब्राह्मण हो, सामन्त हो, या दुनिया का कोई और।

—धर्मवीर

31 अगस्त, 2005
तिरुवनन्तपुरम

विषय-सूची

अध्याय-1

कामसूत्र : बिना मजिस्ट्रेट का जंगल राज

क. पराई स्त्री से सम्बन्ध

वात्स्यायन के कामसूत्र ने अपने नायक के पक्ष में पराई स्त्री से सम्बन्ध जोड़ने के निम्न कारण दिए हैं :

1. "यदि उसका पति समृद्धि और प्रतिष्ठा-सम्पन्न है, तथा मेरे शत्रु से उस का सम्बन्ध है तो उस स्त्री से मेरा सम्बन्ध हो जाने पर वह मेरे मोहवश अपने पति का मेरे शत्रु से सम्बन्ध विच्छेद करा देगी।"[1]
2. "अथवा जो व्यक्ति पहले मेरा मित्र रहा हो और अब किसी कारण से शत्रु बन कर मुझे हानि पहुँचाना चाहता हो तो वह सम्बन्धित स्त्री उसे मेरा पूर्ववत् मित्र बना देगी। यदि मित्र न बना सकेगी तो हानि तो पहुँचाने ही न देगी।"[2]
3. "अथवा उस से सम्बन्ध स्थापित हो जाने पर उस के द्वारा मित्रता या शत्रुता के कार्यों को या अन्य किसी कठिन काम को मैं साध लूँगा।"[3]
4. "अथवा उस से सम्पर्क स्थापित हो जाने पर उस के पति की हत्या कर उस के द्वारा अपहृत अपनी सम्पत्ति को मैं प्राप्त कर लूँगा।"[4]
5. "अथवा धन के लोभ से भी पराई स्त्री से सम्बन्ध जोड़ना बुरा नहीं है। क्योंकि मैं धनहीन हूँ, जीविका का कोई साधन नहीं है। इसलिए मैं इस उपाय से उस स्त्री के धन को बड़ी आसानी से प्राप्त कर लूँगा।"[5]
6. "अथवा अपने प्रभावशाली पति को मुझ से फोड़ कर मेरे शत्रुओं के पक्ष में कर देगी। इसलिए उस से सम्बन्ध स्थापित करना उचित ही है।"[6]
7. "अथवा वह स्वयं मेरे शत्रुओं से सांठ-गांठ कर ले या उस का पति यह सोच कर कि इस ने मेरी स्त्री को दूषित किया है मैं भी इस की स्त्री को दूषित कर के बदला चुकाऊँ। इसलिए उस से सम्बन्ध करना ही उचित है।"[7]

8. "अथवा मेरा शत्रु इस स्त्री के साथ पति का सम्बन्ध रखता है तो मैं इस से सम्बन्ध स्थापित कर अपने शत्रु को विष देने की योजना पूरी कर सकूँगा। इन कारणों से पराई स्त्री से सम्बन्ध जोड़ना चाहिए।"[8]

ऊपर कुछ ही कारण रखे गए हैं। कामसूत्र ने ऊपर गिनाए गए कारणों से ज्यादा कारण गिनाए हैं। सारे कारण गिनाने के बाद कामसूत्र में यह भी लिखा गया है—"बिना कोई विशेष कारण उपस्थित हुए केवल विषय भोग के लिए इतना भयंकर साहस न करना चाहिए। इस तरह परस्त्रीगमन के कारण समाप्त हुए।"[9]

अब जाना जाए कि कामसूत्र में परस्त्रीगमन को वाजिब ठहराने वाले इन सूत्रों का निचोड़ क्या है। परपुरुष चालाकी खेल रहा है लेकिन जो परस्त्री बन रही है उस की मूर्खता सिद्ध हो रही है। यदि विवाह में तलाक की व्यवस्था कर दी जाए तो परपुरुष की यह सारी अक्ल खराब हो जाएगी। असल में, कामसूत्र में बताए गए ये सूत्र तभी सम्भव और कारगर हो सकते हैं जब विवाह पवित्र और अटूट बना हुआ है। पति के कानों में तनिक भनक पड़ते ही वह ऐसी पत्नी से तलाक क्यों नहीं ले लेगा जो उसे मरवाने में लगी है या उस की कमाई को अपने यार को खिला रही है? जहाँ विवाह पवित्र और अटूट बना हुआ है वहाँ पति भुट्टू, बुद्धू और कमजोर ही है। इस से यह भी सिद्ध हो जाता है कि यह जार ही है जिसने विवाह को पवित्र और अटूट बनाया है, तभी वह कामसूत्र में बताई गई इस तरकीब से अपनी जीविका चला सकता है। पर, इस बारे में कामसूत्र के हिन्दी व्याख्याकार देवदत्त शास्त्री क्या कहते हैं? वे बताते हैं कि वात्स्यायन ने ये विचार गोणिकापुत्र से लिए हैं। इस के बाद वे लिखते हैं—"गोणिकापुत्र ने पराई स्त्री को नायिका बनाने के जो कारण प्रस्तुत किए हैं, उन्हें नैतिक या धार्मिक दृष्टि से न देख कर लौकिक दृष्टि से देखना उचित होगा।"[10] वे आगे लिखते हैं—"कामशास्त्र पर उनका 'परदारगमन अधिकरण' तर्क, न्याय और बुद्धिवाद संगत होते हुए व्यावहारिक विज्ञान की बेजोड़ व्याख्या है।"[11] लेकिन यदि मैं कहूँ कि परिवार और समाज को कमजोर करके राष्ट्र की हजारों साल की गुलामी की भी यही सब से बेजोड़ व्याख्या है तो मेरे ऐसा कहने में गलती क्या है? आखिर, देवदत्त शास्त्री के चिन्तन का कच्चा चिट्ठा खुल कर सामने आ ही जाता है जब वे लिखते हैं—"आदर्श और यथार्थ में बहुत बड़ा अन्तर रहता है....हम अपने जीवन-व्यापार के प्रत्येक क्षेत्र में दोहरा व्यक्तित्व रखते हैं। मनोभावों को छिपा कर आदर्श और सभ्यता की आड़ में जो कार्य करते हैं, जो मत व्यक्त करते हैं उन में हमारी छलना की चादर ढँकी रहती है। इस मनोवृत्ति ने मानव-संस्था के सिद्धान्त और उस की परिभाषा ही बदल डाली है। यही नहीं, सभ्यता की एक नई परिभाषा बन गयी है—मनोभावों को छिपा लेना सभ्यता है।"[12]

लेकिन यहीं कबीर और डाक्टर अम्बेडकर ने इस सभ्यता के साथ घमासान युद्ध

मचा रखा है। वे हिन्दू सभ्यता की कथनी और करनी के इस अन्तर को एक क्षण के लिए भी बर्दाश्त करने को तैयार नहीं हैं। सच बात यह है कि सिद्धान्त और व्यवहार में ऐसा अन्तर बढ़ाने वाली सभ्यता राष्ट्र और समाज की रक्षा नहीं कर सकती। विवाह की संस्था इसीलिए खड़ी की गई है कि मनुष्य को अपने मनोभावों को छिपा लेने की जरूरत न पड़े। विवाह में बच्चे के जन्म पर खुशियाँ मनाई जाती हैं, पति और पत्नी रोने नहीं बैठ जाते। देवदत्त शास्त्री जिस का पक्ष ले रहे हैं वह जार की वृत्ति है, सद्गृहस्थ के मनोभाव नहीं। मनुष्य चोर होता है तो क्या उस के खिलाफ कानून न बनाया जाए? ऐसे ही, यदि कोई मनुष्य जारवृत्ति का है तो क्या उसे दण्डित न किया जाए? चोर को चोरी करने की छूट में समाज के द्वारा उसे दण्डित करने का अधिकार जुड़ा हुआ होना चाहिए। ऐसे ही, जार को जारकर्म का अपराध इसी समानता पर तुलता है कि कानून उसे दण्ड देगा। चोरी होती रहे और चोर को दण्ड न मिले तथा जारी होती रहे और जार को उस के किए के लिए जिम्मेदार न ठहराया जाए—यह कौन-सी सभ्यता का अनर्गल अलाप है? आदर्श इसलिए खोजे जाया करते हैं कि जीवन में उन्हें प्राप्त किया जा सके लेकिन दुर्भाग्य से द्विज सभ्यता ने उन से दूसरों को छलने का काम लिया है। लेकिन इस का परिणाम यह निकलता है कि ऐसी कौम इतिहास में एक गुलाम कौम बनी रहती है।

शुरू में ही कहा जाए कि परस्त्री से वात्स्यायन का मतलब जमींदार की पत्नी से नहीं बल्कि कमजोर की पत्नी से है—वर्णों के हिसाब से निम्न वर्ग और जातियों के हिसाब से दलित-पिछड़ी जातियों की स्त्रियों से है। ऐसा कामसूत्र के इस सूत्र से एकदम स्पष्ट है—"परस्त्री के साथ गमन करने की इच्छा करने से पूर्व यह सोच लेना चाहिए कि अभीष्ट स्त्री मिल सकेगी या नहीं, उस को प्राप्त करने में प्राणों का संकट तो नहीं उपस्थित होगा। वह गमन करने योग्य है या नहीं, उसे अपने वश में कर लेने के बाद मेरा प्रभाव कैसा रहेगा और मुझे लाभ क्या होगा।"[13] तो, इस सूत्र से दो चीजों का साफ पता चलता है :

1. इस परस्त्री सम्बन्ध में प्रेम नाम की कोई चीज नहीं है।
2. प्रेम के लिए जिस साहस की आवश्यकता होती है उस का इस में कहीं नामोनिशान नहीं है।

कारण एकदम स्पष्ट है। चूँकि परस्त्री से पुनर्विवाह नहीं किया जा सकता, इसलिए सब कुछ चोरी, झूठ और कपट से साधा जाता है। परस्त्री अपने पति से तलाक नहीं ले सकती इसलिए जो कुछ सम्बन्ध बनता है वह जारकर्म का होता है। इसलिए, द्विज संस्कृति में परस्त्रीगमन जारकर्म में तब्दील हो जाता है क्योंकि वहाँ तलाक और स्त्री के पुनर्विवाह की सम्भावना समाप्त है।

इसी से मिलती-जुलती कामसूत्रकार ने एक अन्य महत्वपूर्ण बात यह कही है—"अधिकांश पुरुष ऐसे होते हैं जो चाहते हुए भी धर्म और समाज के डर से परस्त्री

सहवास का प्रयत्न नहीं करते।"[14] खास बात यह है कि यहाँ धर्म और समाज का डर बताया गया है, लेकिन कानून के डर की कोई बात नहीं है। कानून पूरी तरह से गायब है। ऐसा लगता है कि या तो कानून सो गया है या उसे द्विज संस्कृति ने देश-निकाला दे दिया है। कहीं अता-पता नहीं है कि जारकर्म को यौन-अपराध कहा गया हो और उस के लिए कोई दण्ड निर्धारित हो। द्विज संस्कृति में यौन-अपराधों की रोक का कानून निर्वासित जीवन बिता रहा है। केवल धर्म और समाज के भय की बात कही गई है जो दोनों द्विजों के हाथ के हथियार हैं। यूँ, यह सब जंगल का राज है।

ख. 'पुनर्भू' का अर्थ

द्विज विद्वानों के लिए एक शब्द 'पुनर्भू' का है जो सब से चकमेदार बन गया है। यह इन्हीं के पूर्वजों का घड़ा गया शब्द है लेकिन इन में से किसी को पता नहीं कि इस का क्या अर्थ है। सब असमंजस में खड़े हैं और एक दूसरे को गलत बता कर सन्तुष्ट हो जाते हैं। पाँच खंडों में धर्मशास्त्र का वृहत इतिहास लिखने वाले डा. पी. वी. काणे भी इस का अर्थ करने में गचका खा गए हैं। लेकिन यहाँ डा. काणे की बात छोड़ कर कामसूत्र के इन हिन्दी व्याख्याकार देवदत्त शास्त्री के विचार जाने जाएं। इस के लिए वे कामसूत्र के संस्कृत टीकाकार यशोधर से उलझ बैठते हैं। वे लिखते हैं—"टीकाकार यशोधर ने पुनर्भुः का विधवा अर्थ कर के भ्रम उत्पन्न कर दिया है।"[15] वे याज्ञवल्क्य स्मृति और उस पर मिताक्षराकार की टीका का हवाला देते हुए मानते हैं 'कि पुनर्भूः स्त्रियाँ दो प्रकार की होती हैं—पहली तो वह जो विवाह से पूर्व ही किसी से सम्बन्ध स्थापित कर लेती हैं और दूसरी वह जो विवाह हो जाने के बाद किसी अन्य पुरुष से सम्बन्ध जोड़ लेती हैं।"[16] वे वात्स्यायन के बारे में लिखते हैं—"वात्स्यायन ने यहाँ दोनों प्रकार की पुनर्भू स्त्रियों को स्वीकार किया है।"[17] लेकिन खुद देवदत्त शास्त्री ने भी 'पुनर्भूवृत्तम्' का अर्थ 'दूसरी बार विवाहित विधवा का कर्त्तव्य'[18] किया है, तब वे लड़ किस से रहे हैं? एक अन्य सूत्र का अर्थ करते हुए वे लिखते हैं—"काम-वासनाओं को नियंत्रित न रख सकने वाली विधवा जब भोगी, विलासी नायक-गुण सम्पन्न व्यक्ति को अपना पति बना लेती है तब उसे पुनर्भू कहा जाता है।"[19] एक अन्य सूत्र 'तदनन्तरं पुनर्भुवस्तथैव पश्येत्' में वे इस का रखैल के रूप में अर्थ करते हैं—"इस के बाद रखैल स्त्रियों से भी इसी प्रकार का व्यवहार करे।"[20]

'पुनर्भू' को ले कर देवदत्त शास्त्री कामसूत्र के जिस सूत्र का अर्थ करने में सब से ज्यादा परेशान हुए हैं वह इस प्रकार है—"तत्र नायिकास्तिस्रः कन्या पुनर्भूर्वेश्या च इति।"[21] उन के पास इस बात के सिवा कोई दूसरा चारा नहीं था कि वे इस सूत्र का अर्थ इस प्रकार करते—"कन्या, पुनर्भू और वेश्या—तीन प्रकार की नायिकाएँ होती हैं।"[22] यही अर्थ उन्होंने किया भी है पर उन्हें इस अर्थ से नहीं बल्कि इस सूत्र से ही

सन्तोष नहीं है। वे व्याख्या करते हुए लिखते हैं–"वात्स्यायन ने तीन प्रकार की नायिकाओं का उल्लेख करके नायक को उनसे प्रेम-सम्बन्ध जोड़ने का निर्देश किया है। पहली नायिका कन्या सर्वश्रेष्ठ है। पुनर्भू उस से निकृष्ट और कन्या तथा पुनर्भू से निकृष्ट वेश्या नायिका है।"[23]

एक जगह वात्स्यायन ने 'कन्या, पुनर्भू, वेश्या और परस्त्री'[24] चार प्रकार की नायिकाएँ मानी हैं लेकिन उन की इन चार प्रकार की नायिकाओं में अन्य आचार्यों द्वारा बाकी चार प्रकार की नायिकाएँ भी शामिल हो जाती हैं। चारायण ने 'विधवा'[25] को पाँचवीं और सुवर्णनाभ ने 'प्रव्रजिता'[26] को छठे प्रकार की नायिका माना है। एक तरफ विधवा के पुनर्विवाह की मनाही की जाए और दूसरी तरफ उसे कन्या, पुनर्भू, वेश्या और परस्त्री के समान नायिका माना जाए–यह कैसी विरोधाभास की व्यवस्था है? इस चिन्तन में 'प्रव्रजिता' अर्थात परिव्राजिका को भी नायिका के रूप में गिना कर व्यभिचार से नहीं बख्शा गया है। वैसे तेरह प्रकार की अगम्य स्त्रियों की गिनती में वेदपाठी ब्राह्मणों तथा राजघराने की स्त्रियों (श्रोत्रियराजदाराश्च)[27] को रखा गया है–पर पूछना पड़ेगा–जाने क्यूँ, इन में प्रव्रजिता को भी शामिल किया गया है? तब उसे चार प्रकार की नायिकाओं की गिनती में नहीं रखा जाना चाहिए था।

यहाँ तक ठीक था लेकिन देवदत्त शास्त्री का पूछना है–"प्रश्न यह उपस्थित होता है कि वात्स्यायन ने पुनर्भू और वेश्या की पाँत में कन्या को बैठा कर उसे नायिका क्यों कहा है?"[28] प्रश्न इसलिए उठा है क्योंकि वे महाभारत में बताए गए कन्या के लक्षणों के बारे में जानने का दम भरते हैं, जब वे लिखते हैं–"अविवाहित, कुमारी कन्या कही जाती है, विवाह से पूर्व ही किसी पुरुष से रति-सम्बन्ध जोड़ने वाली कुमारी को पुनर्भू और बाज़ारू स्त्री – वारवनिता को वेश्या कहते हैं।"[29]

बताइए, असली सवाल को उभरने ही नहीं दिया गया। वास्तविक नायिका जिक्र से ही गायब कर दी है। उस का दूर तक पता नहीं है। इसे कहते हैं माया से सृजित खालिस मिथ्या जगत का निर्माण और उस का आख्यान। देवदत्त शास्त्री पुनर्भू का अर्थ जानने के चक्कर में यह पूछना भूल ही गए कि इन कुल नायिकाओं में चौथी पत्नी कहाँ है। क्या पत्नी नायिका नहीं है? दलित की तरफ से बात की जाए तो केवल पत्नी ही नायिका होती है। पत्नी-नायिका के मुकाबले में वात्स्यायन की कन्या, पुनर्भू और वेश्या वर्ग की तीनों नायिकाएँ तो खलनायिकाएँ हैं। तो, दलित और द्विज की दृष्टियों में इतना गहरा अन्तर है कि द्विजों के यहाँ कन्या, पुनर्भू और वेश्या नाम की नायिकाओं के सामने पत्नी को खलनायिका की भूमिका दी जा सकती है जबकि दलितों के यहाँ पत्नी-नायिका के सामने बाकी सब खलनायिकाएँ ही हैं। कारण यह है कि वात्स्यायन पत्नी को चौथी नायिका भी मानने को तैयार नहीं हैं। 'च इति' लिख कर उन्होंने इन तीन के सिवा कोई अगली नायिका होने की संभावना की लकीर ही मेट दी है।

लेकिन शब्द 'पुनर्भू' का अर्थ जानने का मामला अभी भी हवा में ज्यों का त्यों टंगा रह जाता है। देवदत्त शास्त्री को 'कन्या' शब्द का अर्थ पता है, उन्हें 'वेश्या' शब्द का अर्थ भी ज्ञात है, उन्हें जिस शब्द का अर्थ समझ नहीं आ रहा है वह 'पुनर्भू' है। इस विषय में मेरी तरफ से उन की कुछ मदद की जा सकती है। पहली बात, ये सारे शब्द विवाह से नप कर निकले हैं। सब से पहले पत्नी आती है जिस की उत्पत्ति और परिभाषा विवाह से निकलती है। वह अपने पति की है और पति के द्वारा बच्चे जनती है। कन्या वह है कि जिस का अभी तक विवाह नहीं हुआ है। इस का मतलब अनिवार्य रूप से यह नहीं निकालना चाहिए कि उस का किसी पुरुष से रति-सम्बन्ध नहीं हुआ। रति सम्बन्ध हुआ हो या न हुआ हो—दोनों सम्भावनाएँ हैं, लेकिन विवाह नहीं हुआ है यह पक्की लकीर है। वेश्या वह है जो विवाह व्यवस्था को स्वीकार नहीं करती। उसे पता नहीं है कि विवाह क्या होता है और विवाह के अन्तर्गत बच्चे कैसे जने जाते हैं। वह बच्चे पैदा कर सकती है पर वे विवाह से बाहर पैदा हैं। इन तीन के बाद चौथे वर्ग की स्त्री बचती है जिसे 'पुनर्भू' कहा गया है। जैसे वेश्याओं के कई प्रकार होते हैं उसी प्रकार पुनर्भुओं की भी एक बड़ी वैराइटी है। इस कोटि में परस्त्री, विधवा, रखैल और पुनर्विवाहित स्त्रियाँ आती हैं। द्विजों को परस्त्री, विधवा और रखैल की जानकारी है लेकिन उन के अपने समाज में पुनर्विवाहित स्त्री नहीं पाई जाती। लेकिन कामसूत्रकार ने कसम नहीं खा रखी है कि वह दूसरे समाजों की स्त्रियों से कुकर्म नहीं करेगा। भारत के दलित और पिछड़े समाज में, जो उस समय भी जनसंख्या का 80 प्रतिशत से ज्यादा भाग था, स्त्री के पुनर्विवाह की सदा से इजाजत रही है। स्त्री का वह पुनर्विवाह तीन कारणों से हो सकता है—या तो स्त्री विधवा हो जाए, या उसे पति छोड़ दे, या वह खुद अपने पति को छोड़ दे। इस तरह लेने से 'पुनर्भू' शब्द का अर्थ करने में देवदत्त शास्त्री को कोई परेशानी नहीं होनी चाहिए थी। वात्स्यायन द्वारा बताए गए द्विजों के चार प्रकार के विवाहों में स्त्री का पुनर्विवाह नहीं हो सकता लेकिन शूद्रों और अछूतों के यहाँ स्त्री का पुनर्विवाह वात्स्यायन के समय में भी प्रचलन में रहा है—यह क्यों नहीं माना जा सकता? यूँ, पुनर्भू के नाम से वात्स्यायन के दायरे में स्त्रियों का एक बड़ा वर्ग आता है। इन में द्विजों की परस्त्रियाँ, विधवाएँ और रखैलें आती हैं तथा दलित-पिछड़ी जातियों की परस्त्रियों, विधवाओं और रखैलों के साथ उन की पुनर्विवाहित स्त्रियाँ भी आती हैं। असल में, कामसूत्रकार के लिए दलित-पिछड़ी जातियों की पुनर्विवाहित स्त्रियाँ भी परस्त्रियाँ ही हैं। इस प्रकार, पुनर्भू में वे सब औरतें आती हैं जिन का एक बार या उस से ज्यादा बार विवाह हो चुका है।

लेकिन, हाँ, खुलासा करने के लिए इस ज्यादा चक्कर में मैं असली प्रश्न पूछने से रह ही गया। मेरा सवाल यह है—कामसूत्रकार किसी कन्या से, किसी पुनर्भू से, या किसी वेश्या से सम्बन्ध जोड़ने की सलाह क्यों देता है? क्या द्विजों की सारी पत्नियाँ मर गई हैं जो उन के शास्त्रकार कन्याओं को, पुनर्भूओं को और वेश्याओं को नायिकाएँ बनाते

फिरते हैं? उन के समाज में पत्नियों की भूमिका क्या है? वहाँ वे घरों में मौजूद हैं या नहीं? क्या वे सारी की सारी उन की परिभाषा की मात्र पुनर्भू बनी हुई हैं? कम से कम कामसूत्र से तो यही पता चलता है कि पुनर्भू में पत्नी सम्मिलित है। कैसा समाज है जो नायिकाओं की गिनती में मान कर नहीं देता कि कोई स्त्री एकचारिणी भी हो सकती है! जब पत्नी की अलग से चौथी गिनती नहीं हुई है तो कन्या और वेश्या में न रहते हुए, जो वह सच में नहीं है, उसे पुनर्भू में ही शामिल किया जा सकता है।

देवदत्त शास्त्री तथ्य देते हैं लेकिन उस का सन्दर्भ देना छोड़ देते हैं। वे लिखते हैं—"जैसे विवाह के बाद कन्या भार्या कहलाती है उसी प्रकार पुनर्भू भी एक प्रकार की भार्या है।"[30] यहाँ तक उन की बात सही है। इस के बाद वे लिखते हैं—"पुनर्भू भार्या के दो प्रकार हैं—एक तो क्षतयोनि दूसरी अक्षतयोनि।"[31] यहाँ तक भी उन्होंने कुछ गलत नहीं कहा है। इस के बाद वे लिखते हैं—"वशिष्ठस्मृति का कथन है कि जो अक्षतयोनि कन्या मन से, वचन से, मंगलाचार से, संकल्प से पाणिग्रह संस्कार से किसी को प्रदान कर दी गई हो और किसी कारणवश दुबारा उस का विवाह किसी के साथ कर दिया जाता है तो वह कन्या पुनर्भू भार्या कहलाती है।"[32] कुछ शर्तों के साथ इस तथ्य से भी कोई आपत्ति नहीं की जा सकती। इस के बाद वे स्मृति के अनुसार पुनर्भू भार्याओं के छह प्रकार बताते हैं। फिर वे लिखते हैं—"जिस के बाल-बच्चे पैदा हो जाते हैं वह क्षतयोनि कहलाती है। जो विधवा अपनी इन्द्रियों का संयम नहीं कर पाती और कामार्त्त हो कर किसी विलासी पुरुष की भार्या बन जाती है वह पुनर्भू कहलाती है। अक्षतयोनि का तो दुबारा विवाह संस्कार शास्त्रविदित है किन्तु क्षतयोनि विधवा का पुनः संस्कार नहीं हो सकता, उसे यों ही रख लिया जाता है, वह रखैल कही जाती है।"[33]

एक पुनः संस्कार करने की बात को छोड़ कर ऊपर कही गई सारी बातें समझ में आने वाली हैं। सब से बड़ी समस्या तब उठती है जब देवदत्त शास्त्री यह लिखते हैं—"वात्स्यायन इसी प्रसंग पर तलाक की व्यवस्था देते हैं। उन का कहना है कि जिस स्त्री का पति मर गया हो वह यदि अपनी वासनाओं की तृप्ति के लिए किसी और के घर बैठ जाती है और फिर उसे भी छोड़ना चाहती हो तो स्वेच्छा से वह उसे छोड़ सकती है लेकिन 'यह कमजोर है, नपुंसक है—ऐसा कुछ कह कर उसे छोड़ना चाहिए।"[34] इस के बाद देवदत्त शास्त्री लिखते हैं—"वात्स्यायन कहते हैं कि जिसने अपनी विषय-वासनाओं की तृप्ति के लिए विवाहित पति का घर छोड़ दिया है वह फिर एक नहीं हजार पति छोड़ सकती है। उस के लिए मनाही नहीं है। लेकिन एक-दो-तीन को जब वह लगातार छोड़ती-पकड़ती जाएगी तो उस की गिनती पत्नी में न हो कर वेश्या में होगी।"[35]

अब मौका है कि देवदत्त शास्त्री को सही सन्दर्भ पर टिकाया जाए। उन्होंने बड़ी जल्दी लिख मारा है कि 'वात्स्यायन इसी प्रसंग पर तलाक की व्यवस्था देते हैं' लेकिन मैं चुनौती दे रहा हूँ कि उन्हें यहाँ 'तलाक' शब्द का इस्तेमाल नहीं करना चाहिए था।

यह उन का और उनकी संस्कृति का ही शब्द नहीं है। 'तलाक'[36] अरबी भाषा का शब्द है, तब वे इसे वात्स्यायन के कामसूत्र की व्याख्या में सीधे प्रयोग कैसे कर सकते हैं? उन्हें अपनी सबसे ज्यादा तथाकथित समृद्ध भाषा देववाणी संस्कृत में से ढूँढ़ कर कोई शब्द देना चाहिए था। सच बात यह है कि संस्कृत भाषा में तलाक के अर्थ का कोई शब्द नहीं है। यदि संस्कृत भाषा में तलाक के लिए शब्द होता तो बुद्ध को घर छोड़ कर भागना न पड़ता। संन्यास ब्राह्म-विवाह की विकृति है।

यहाँ तक यह एक बात पूरी हुई कि संस्कृत भाषा में तलाक और डाइवोर्स के अर्थ का शब्द नदारद है। वह वात्स्यायन के समय तक भी बना नहीं है। दूसरा शब्द 'पुनर्भू' का है। शोर मचा कर कही जाने वाली बात है कि आर्यों में चार प्रकार के विवाह मान्य हैं—ब्राह्म विवाह, दैव विवाह, आर्ष विवाह और प्राजापात्य विवाह। आर्यों को चार अन्य प्रकार के विवाहों की भी जानकारी है जो दूसरे समाजों में होने वाले विवाह हैं। इन के नाम—गन्धर्व विवाह, असुर विवाह, राक्षस विवाह और पिशाच विवाह हैं। मेरे कहने का मतलब यह है कि 'विवाह' संस्कृत भाषा का शब्द है। 'रिमैरिज' अंग्रेजी भाषा का शब्द है जिस का अनुवाद 'पुनर्विवाह' किया गया है। मेरा पूछना है कि कामसूत्र के 7 अधिकरणों, 36 अध्यायों, 64 प्रकरणों और 1250 सूत्रों में[37] 'पुनर्विवाह' का शब्द क्यों नहीं है। उस शब्द का प्रयोग सायण ने[38] किया जो इस का प्रथम प्रयोग हो सकता है। लेकिन सायण ईसा की चौदहवीं सदी में वेदों के व्याख्याकार हैं।[39] तो, वात्स्यायन के पास 'पुनर्विवाह' शब्द नहीं है। शब्द इसलिए नहीं है क्योंकि उन के समय तक ऐसी घटना नहीं हुई है। सायण के पास जो 'पुनर्विवाह' का शब्द है, हो न हो, उस का अर्थ भी आर्यों में स्त्री के पुनर्विवाह का न हो। खैर, वात्स्यायन के पास 'पुनर्भू' का शब्द है। लेकिन 'पुनर्भू' शब्द ऋग्वेद और अथर्ववेद में भी आया बताया गया है। तब इस का अर्थ being renewed, restored to life or youth[40] है। अथर्ववेद और उस के बाद में इस का अर्थ a virgin widow re-married माना गया है।[41] लेकिन मेरा यह पूछना जारी रहेगा कि जब वैदिक काल में 'भू' और 'विवाह' दोनों शब्द थे तो वहाँ 'पुनर्भू' की तरह 'पुनर्विवाह' शब्द क्यों नहीं है। सच बात यह है कि आर्यों के यहाँ पुरुषों के द्विविवाह, त्रिविवाह और बहुविवाह तक हो सकते थे लेकिन स्त्री के द्विविवाह या त्रिविवाह आदि नहीं हो सकते थे। पुरुष स्त्री के मर जाने पर और उस के जीवित रहने पर भी अपने कई विवाह कर सकता था लेकिन स्त्री का विवाह केवल एक बार हो सकता था। फिर, शब्द 'पुनर्भू' है 'पुनर्नभ' नहीं। इस का मतलब है, स्त्री ही पुनर्भू हो सकती थी, पुरुष का 'पुनर्नभ' होना सम्भव नहीं है। भू का मतलब वीर्य की खेती है। विवाह एक पवित्र और अटूट वैदिक संस्कार है, इसलिए स्त्री के लिए 'पुनर्विवाह' नहीं बल्कि 'पुनर्भू' होना ही सम्भव और उपलब्ध है।

मेरा सवाल ज्यों का त्यों खड़ा है। 'पुनर्भू' हो गई, 'पुनर्पत्नी' क्यों नहीं? समस्या

क्या है? परेशानी कौन सी है?—'पुनर्भार्या' कह देते। मन में सारा खोट मौजूद है जब 'पुनर्भू' कहा गया है। संस्कृत में शब्दों के निर्माण की कमी नहीं थी। यह जानबूझ कर नारी के साथ किया गया अपमान और अत्याचार है कि उसे पुनर्पत्नी या पुनर्भार्या न कह कर पुनर्भू कहा गया है। मेरठ की मेरी खड़ी बोली में दलित समाज की स्त्री के लिए 'ब्याहता', 'कराव' और 'बैठना' शब्द चलते हैं। वेश्या आर्यों का दिया हुआ शब्द है, इस शब्द को दलित नहीं जानते। जब स्त्री और पुरुष दोनों के लिए तलाक और पुनर्विवाह की अनुमति है तो वेश्या और भाडू की पैदायश ही नहीं होती। संन्यास की तरह वेश्यावृत्ति भी ब्राह्म-विवाह का ही बुरा नतीजा है।

इस प्रकार देखा गया है कि अपने शास्त्रों की व्याख्या करने में 'पुनर्भू' शब्द ब्राह्मण व्याख्याकारों के लिए सब से जयादा मुसीबतजदा है। लेकिन इस का कारण यह है कि उन्होंने इसे अभी तक इस के सही सन्दर्भ में नहीं देखा। वास्तव में, वात्स्यायन ने क्या किया है? उन्होंने लिखा है—"अपने से उच्च वर्णवाली अथवा पराई स्त्रियों में प्रवृत्त कामेच्छा शास्त्रों के विपरीत है। इसी तरह अपने से निम्न वर्ण की स्त्रियों में भी काम वर्जित है। किन्तु वेश्याओं और पुनर्भू....स्त्रियों में काम-प्रवृत्ति निषिद्ध नहीं है। क्योंकि उन के साथ जो काम-सम्बन्ध स्थापित किया जाता है वह ऐन्द्रियिक सुख के लिए ही न कि धार्मिक दृष्टि से।"[42] तो, वेश्या और पुनर्भू से विवाह नहीं किया जा रहा है। यहाँ शब्द 'पुनर्भू' है, पुनर्विवाह का अर्थ देने वाला 'पुनर्विवाहिता' नहीं। विवाह अपने वर्ण में कर के दूसरी तमाम जातियों की विवाहित और अविवाहित औरतों को 'पुनर्भू' का नाम दे कर रखैलें बनाया गया है। निश्चित रूप से इस तरह के कामशास्त्र की मार दलित जातियों को अपना सम्मान चुका कर करनी पड़ी है।

अब दोहराया जा सकता है कि देवदत्त शास्त्री को 'पुनर्भू' शब्द का अर्थ जानने में कठिनाई क्यों हो रही है। कठिनाई इसलिए हो रही है कि वे उस परम्परा के नहीं हैं जिस समाज में स्त्री तलाक ले कर अपना पुनर्विवाह कर सकती है। कठिनाई इसलिए भी है कि उन की परम्परा का कोई व्यक्ति विधवा या तलाकशुदा औरत से अपना पुनर्विवाह नहीं कर सकता। यदि देवदत्त शास्त्री किसी आधुनिक कोर्ट के जज बना दिए जाएँ और कोई दलित व्यक्ति यह केस ले कर उन की कोर्ट में आए कि मेरी पत्नी जारकर्मी है इसलिए मुझे उस से तलाक चाहिए तो देवदत्त शास्त्री का सिर चकरा जाएगा। वे अपने कामसूत्र के पन्ने-पन्ने को देखेंगे और कहेंगे कि पत्नी के जारकर्म से तुम्हें कोई परेशानी नहीं होनी चाहिए। यदि कोई पत्नी अपने पति के विरुद्ध पति के जारकर्म की वजह से तलाक लेने आए तो वे उस पत्नी को यही सलाह देंगे कि तुम भी जारकर्म करने लगो, तुम्हें किसने रोका है। यही कारण है कि वे इतने परेशान खड़े हैं और एक उन के द्विज साहित्य में इस छोटे से शब्द को ले कर इतना बवाल मचा हुआ है।

ग. वेश्यावृत्ति का समाज

देवदत्त शास्त्री अपनी द्विज संस्कृति का गुणगान इन शब्दों में करते हैं–"ऋग्वेद से ले कर समस्त परवर्ती साहित्य में वेश्याओं का उल्लेख मिलता है। यही नहीं, वेश्याओं से सम्बन्धित पृथक ग्रन्थों के निर्माण भी हुए हैं। बाण ने कादम्बरी में वेश्याओं के चौदह कुलों का उल्लेख किया है। भरत ने नाट्यशास्त्र में नन्दिकेश्वर ने अभिनय-दर्पण में वेश्याओं को 'अभिनेत्री' लिखा है।"[43] वे आगे लिखते हैं–"ऋग्वेद में वेश्या का एक नाम 'वेशस्करी' है। तन्त्र ग्रन्थों में वेश्याओं का अत्यधिक उल्लेख मिलता है। बौद्ध साहित्य भी वेश्याओं के गुणगान से भरा हुआ है। पुराणों, काव्यों और जैन ग्रन्थों में वेश्याओं का विस्तृत वर्णन मिलता है। वेश्याएँ तान्त्रिकों की गुप्तसाधना थीं, गौतम बुद्ध जब तक परिव्राजक नहीं हुए थे, उन के महल में मीन पयोधरा कमलन्यनी वेश्याएँ चुहल करती डोलती थीं।....भास, कालिदास, विशाखदत्त, माघ, दण्डी, शूद्रक, बाण, आदि कवियों ने अपने ग्रन्थों में वेश्याओं के रोचक वर्णन किए हैं।"[44] वे उदाहरणों की सूची और लम्बी करते हैं–"स्कन्दपुराण में पिंगला और कमलावती नाम की वेश्या का वर्णन है जिस का प्रेम कश्मीराधिप जयापीड़ से था। हंसी और नागलता नाम की दो ऐसी वेश्याएँ थीं जिन पर कश्मीर महाराज चन्द्रवर्मा इतने आसक्त थे कि अपनी रानियों, पटरानियों से अधिक सम्मान उन वेश्याओं को दिया करते थे। चित्तौड़ के महाराजा उदयसिंह की रखैल वेश्या 'वीरा' जितनी सुन्दरी, गुणवती थी उतनी ही वीरांगना भी थी....। हमीर रासो में चन्द्रकला पातर का रोचक वर्णन है....। ओड़छा नरेश की वेश्या प्रवीण राय"[45] थी।

सही बात है, अपनी इस सूची को देवदत्त शास्त्री और भी बढ़ा सकते हैं। पूछना यह है कि इस सूची में वे रैदास और कबीर के साहित्य का नाम क्यों नहीं गिना पाए? वे इस सूची में स्वामी अछूतानंद और डॉ. अम्बेडकर के नाम क्यों नहीं गिना सकते? हुआ यह है कि दलितों के महापुरुषों ने हमेशा वेश्या का विरोध किया है जबकि हिन्दुओं के महापुरुषों और लेखकों ने उस के सदा गुणगान किए हैं और बचाव किया है। जब

दलित और द्विज के बीच संवाद की बात की जाए तो यह जान लिया जाए कि इस जगह आ कर यह संवाद पूर्णतया भंग हो जाता है। खुद देवदत्त शास्त्री ने लिखा है—"वेश्या एक असाधारण स्त्री है जिसका पालन-पोषण, शिक्षण, प्रशिक्षण असाधारण ढंग से होता है। वेश्याओं को ऐसी सामाजिक शिक्षा दी जाती है, जिस में शारीरिक, मानसिक विकास की संभावनाएँ रहती हैं और अन्य स्त्रियाँ उस प्रकार की शिक्षा से वंचित रहती हैं।"[46] वेश्या को थोड़ा पीछे छोड़े कर देवदत्त शास्त्री गणिका पर तो लट्टू ही हो गए हैं। वे लिखते हैं—"गुण, शील और रूप सम्पन्न वेश्या इन (चौंसठ) कलाओं द्वारा उत्कर्ष प्राप्त कर 'गणिका' का पद प्राप्त करती है और जन-समाज में आदरणीय बनती है।"[47] वे अलग से जोड़ कर लिखते हैं—"विदुषी, रूपवती गणिकाएँ भारतीय समाज में आदरणीय ही नहीं बल्कि मंगल-सामग्री मानी जाती रही हैं। इसलिए उन का नाम मंगलामुखी भी था। ज्योतिष के अनुसार यात्राकाल में गणिका का दर्शन मंगलसूचक माना जाता है। यज्ञकाल में भी गणिकाओं का स्थान ऋत्विजों के सान्निद्धय में निश्चित रहता था।"[48]

देवदत्त शास्त्री दलित दृष्टि के विरोध में लिखते हैं—"साथ ही दुनिया के अनेक शासनों ने वेश्यावृत्ति के विरोध के लिए असफल चेष्टाएँ भी की हैं।"[49] वे अपनी परम्परा के पक्ष में लिखते हैं—"समाज को परिष्कृत और संपन्न बनाए रखने के लिए शास्त्रकारों ने वेश्यावृत्ति को मान्यता दी है....।"[50] वे आगे लिखते हैं—"मनोविज्ञान एवं समाजविज्ञान पर आधारित यह नियम उन व्यक्तियों के लिए है जिन की चंचल मनोवृत्ति से समाज के शील और मर्यादा के भंग होने का खतरा हर समय बना रहता है।"[51]

तो, यह वेश्या को ले कर द्विजों का हाल है। इन्हें वेश्या में ही सामाजिकता, व्यावहारिकता और असाधारणता दीखती है। ये वेश्या को समाज का विशिष्ट और अतिविशिष्ट अंग मान कर उस की आवश्यकता और उपयोगिता के पक्ष में बोलते हैं। क्या समझ है, इन के हिसाब से पत्नी समाज को बाँटती है और वेश्या उसे जोड़ती है! कह रहे हैं, वेश्यावृत्ति को रोकने की चेष्टाएँ असफल होती हैं, मानो इन की घोषणा है कि चोरी को रोकने के लिए कानून न बनाया जाए क्योंकि चोरी रुक नहीं सकती, क्योंकि वह आवश्यक और उपयोगी है। इन्हें पत्नियों में विशिष्टता, असाधारणता, सामाजिकता, व्यावहारिकता और महानता नहीं दीखती। कैसी बुद्धि बनी है? कौन-सी संस्कृति है? तभी कबीर कहते हैं—'मेरा तेरा मनवाँ कहु कैसे एक होय रे!'[52] चंचल मनोवृत्ति पर एक दिन में रोक लग जाए यदि तलाक और जेल का कानून सामने रख दिया जाए। सारी चंचल मनोवृत्ति पल भर में रफूचक्कर हो जाएगी यदि शील और मर्यादा भंग करने पर उस की सम्पत्ति छीन ली जाए। हुआ यह है कि द्विजों ने अपनी चंचल मनोवृत्ति को शील और मर्यादा का भंग करने के लिए खुली छूट दे रखी है। सच बात है, राष्ट्र और समाज के पतन का यही रास्ता है। फिर, जैसी वेश्या की समाज में व्याप्ति है और जितना इस का गुणगान किया गया है, उस की सोच कर यदि ऐसे

साहित्य को वेश्या साहित्य कह दिया जाए तो किसी को क्या आपत्ति हो सकती है? कमी केवल एक ही है कि इसे खुद वेश्याओं ने नहीं लिखा।

अधिक दुख की बात यह है कि वात्स्यायन ने वेश्याओं का अलग समाज खड़ा किया है। उन का पक्ष लेते हुए देवदत्त शास्त्री लिखते हैं—"यदि हम सिद्धान्त पक्ष को छोड़ कर व्यवहार पक्ष में आते हैं तो वात्स्यायन का कथन अनर्गल नहीं प्रतीत होता है। सिद्धान्त यह कहता है कि वासनाएँ प्राग्भवीय हैं और वंश परम्परागत चला करती हैं। इस सिद्धान्त के आधार पर वेश्याओं का समाज व्यावहारिक दृष्टि से संभोग का पेशा ही अपने जीवन का लक्ष्य मानता है, वेश्याओं की लड़कियाँ वंशपरम्परागत वेश्यावृत्ति ही अपनाती हैं और उन के भाई, बाप, भँडुये, साजिन्दे उन के सहायक बनते हैं।"[53] असल में, यहाँ देवदत्त शास्त्री इस उठे प्रश्न का उत्तर दे रहे हैं 'कि वात्स्यायन ने केवल वेश्याओं के लिए ही क्यों कहा है कि वे केवल संभोग के लिए पैदा हुआ करती हैं।'[54] वेश्याओं के समाज को मान्यता देते हुए भी वात्स्यायन ने अपने एक सूत्र में लिखा है—"क्रूर स्वभाव की अत्यन्त लालची माँ के अधीन वेश्या को रहना चाहिए।"[55] क्या कहा जाए?—वात्स्यायन बता रहे हैं कि माँ अपनी बेटी को वेश्या बनाती है! देवदत्त शास्त्री ने लिखा है—"कामसूत्र का यह कथन कि वेश्या संभोग के लिए ही पैदा होती है, सैद्धान्तिक भेद रखता है। कामसूत्रकार एक प्रकार से वेश्या को जन्मना वेश्या मानता है....। कामसूत्रकार की दृष्टि कदाचित यह रही होगी कि वेश्या की पुत्री उस की पुत्री परम्परागत जन्मतः वेश्या ही होती है। इसलिए उसने जन्मना वेश्या कहना ही उचित समझा है।....पुराणों, इतिहासग्रन्थों और धर्मग्रन्थों में भी अप्सरा, गणिका की एक योनि विशेष ही मानी जाती है।"[56] पर, उन्हें ध्यान नहीं रहा कि यही सोचते-सोचते दलित लोग द्विजों से बहुत दूर आ गए हैं। वास्तव में, इस बात को ले कर समाज दो धड़ों में बँट गया है।

वेश्यावृत्ति को मान्यता देने का मतलब है कि आप स्त्री को परिवार का अंग नहीं मान रहे हैं। यह स्त्री और विवाह का अपमान है। यह मातृसत्ता को दी जाने वाली सजा हो सकती है पर देखना यह है कि सभ्य समाज में ऐसी सजा देने की कोई आवश्यकता नहीं है। सजा का समय गया—और अब नारी को पत्नी बना कर उसे सम्मान देने का समय है। कोठे के बजाय नारी को घर मिले—घर जहाँ उस का पति, उस के बच्चे और परिवार के दूसरे सारे रिश्ते मिलते हैं।

घ. पत्नी का फजीता

वात्स्यायन के कामसूत्र की हिन्दी टीका करते हुए देवदत्त शास्त्री लिखते हैं–"नभी आचार्यों के मतों का समाहार करके आचार्य वात्स्यायन अपना मत व्यक्त करते हुए कहते हैं कि–चारायण से ले कर गोनर्दीय तक जिन आचार्यों ने चार प्रकार की नायिकाओं का उल्लेख किया है वे सब कन्या, पुनर्भू, वेश्या और परस्त्री इन चारों के अन्तर्गत समाहित हैं, इन से भिन्न नहीं हैं। इसलिए नायिकाएँ केवल चार प्रकार की ही हैं।"[57] बताया जा सकता है कि चारायण ने विधवा, सुवर्णनाभ ने परिव्राजिका, घोटकमुख ने गणिका की लड़की अथवा परिचायिका तथा गोनर्दीय ने बचपन को पार की हुई कुलीन युवती को चार से बाहर अन्य नायिकाओं को जोड़ा है।[58] अजीब बात है, पहले बताई गईं तीनों या इन चारों या आठों की संख्या में पत्नी कहीं भी नायिका नहीं है। दूसरी तरफ, भारत में और संसार में अन्य द्विजेतर संस्कृतियाँ हैं जिन में पत्नी ही नायिका होती है। अन्य स्त्रियाँ यदि होती हैं तो वे पत्नी के इर्द-गिर्द ही घूमती हैं। दूसरी संस्कृतियों में यदि नायक परस्त्री, कन्या, विधवा या वेश्या के पास जाता है तो वह पुनर्विवाह के लिए जाता है। वह विवाह या पुनर्विवाह करेगा–कामसूत्र की तरह चार प्रकार की नायिकाएँ नहीं बनाएगा। भला, वात्स्यायन का क्या बिगड़ जाता यदि वह कन्या, पुनर्भू, वेश्या और परस्त्री की चौकड़ी में नायिका के रूप में पांचवाँ पत्नी का नाम और जोड़ देता?

नायिका के रूप में न सही लेकिन कामसूत्रकार के पास एक 'पत्नी' शब्द जरूर है जिस का उस ने क्या हाल कर दिया है, इस का कुछ ठीक नहीं है। असल में, 'पत्नी' उस के पास है ही नहीं, 'पत्नियाँ' हैं। 'भार्या अधिकरण' के पहले सूत्र में ही लिखा गया है–"भार्या दो प्रकार की होती हैं–1 एकचारिणी (अकेली) 2 सपत्निका (सौतों वाली)।"[59] इस का मतलब है, 'पत्नी' शब्द का अर्थ 100 प्रतिशत पहले झटके में ही खत्म हो जाता है। डर इस बात का है कि एकचारिणी भार्या बहुचारिणी न बन जाए इसलिए उसे सलाह दी गई है–"भिखारिनों, बौद्ध और जैन संन्यासिनियों, नाच-गान-तमाशा दिखाने वाली कुलटाओं, सगुन धराने वाली, व्यभिचारिणी और जादू-टोना करने वाली

स्त्रियों से सम्पर्क न रखे।"[60] इस के बाद 'पत्नी' शब्द का अर्थ पूरी तरह बिगाड़ कर वात्स्यायन के सूत्र इस प्रकार चलते हैं :

1. "...पहली विवाहिता पत्नी को चाहिए कि दूसरी नव-विवाहिता को वह अपनी सौत न समझ कर बहिन समझे।"[61]
2. "वह उस नई बहू को ऐसे एकान्त स्थान में काम कला की शिक्षा दे जहाँ से उस का पति भी सुन सके।"[62]
3. "यदि कई सौतें हों तो जो ज्येष्ठ हो वह अपने से छोटी सौत पर अधिक स्नेह रखे।"[63]

यदि सौतों में लड़ाई हो जाए, जो होती ही है, तो वात्स्यायन ने परले सिरे का फासीवाद खड़ा कर रखा है। पति को समझाया गया है—"....कलह का कारण उपस्थित होने पर भी सौतों को लड़ने का अवसर न दे तथा जो आ कर उलाहना दे, शिकायत करे उसी को दोषी ठहराए।"[64]

तो, ये इन के घर चलाने के तरीके हैं। फरियाद सुनने का कोई प्रावधान नहीं है। एकछत्र तानाशाही चल रही है। उस औरत पर कुछ भी बीत रही हो, उसे सहना ही है। पति सुनेगा भी क्या, सारे अपराध खुद पति ने कर रखे हैं कि एक से अधिक पत्नियाँ रख रखी हैं। जाने ऐसे लोग कितने तनाव में रहते होंगे। बेहया हो कर ही ऐसे तनावों से बचा जाता होगा। द्विजों की दुनिया, उन की माया, वे ही जाने—एक दलित के नाते मेरी समझ में इस में से कुछ भी नहीं आ सकता। यह हमारी समझ से परे की बात है। यह भार्या नहीं, 'भार्या' शब्द का फजीता है। यह उसे निरर्थक करना है। यह 'पत्नीवाद' नहीं, हमारी समझ से सब रखैलवाद है। हम ऐसी व्यवस्था और उस की अनुमति को धिक्कार भेजते हैं।

कामसूत्र में और द्विज संस्कृति के सारे दूसरे ग्रन्थों में यह मान कर चला गया है कि पति और पत्नी के बीच विवाह को ले कर उन में से किसी को कोई फरियाद नहीं सुनी जाएगी। जब फरियादी की फरियाद सुनने का कोई कानून न बना हो तो उसे जंगल राज ही कहा जा सकता है। विवाह के मामले में और विवाहेतर जारकर्म, व्यभिचार और बलात्कार के मामलों में द्विजों ने यही किया है। कानून न होने का मतलब है कि जो अत्याचारी और व्यभिचारी है, वह राज करेगा। जिस के पास चालाकी, झूठ, कपट और बेईमानी है, वह दूसरों पर जुल्म ढाता रहेगा। जो एक बार किसी वजह से कमजोर हो गया, वह सदा कमजोर ही बनता चला जाएगा तथा जो शोषक है, उस का शोषण बढ़ता ही जाएगा। इस जंगल राज में ब्राह्मणों ने क्षत्रियों, वैश्यों और शूद्रों पर अपनी बढ़त पहले ही हासिल कर रखी है। कामसूत्र में इस का उदाहरण मौजूद है जो इस प्रकार है—"जैसे भोजवंशी दाण्डक्य नामक राजा काम के वशीभूत हो कर ब्राह्मण की कन्या से सम्भोग

करने के कारण अपने परिवार और राज्य सहित नष्ट हो गया।''[65] संस्कृत में यह सूत्र इस प्रकार है—''यथा दाण्डक्यो नाम भोजः कामाद् ब्राह्मणकन्यामभिमन्यमनः सबन्धुराष्ट्रो विननाश।''[66]

तो, यह ब्राह्मण कन्या के साथ व्यभिचार हो गया तो किसी छोटे-मोटे व्यक्ति की हस्ती क्या, राजा का परिवार नष्ट हो गया और उस का राज तक छिन गया। इस के लिए ब्राह्मणों ने अपने जातीय हित में जो किया होगा, वह किया होगा, लेकिन यदि वह राजा किसी शूद्र कन्या के साथ यही कामाचार करता तो उस का जवाब क्या है? इस का कामसूत्र समेत किसी भी द्विज ग्रन्थकार के पास कोई उत्तर नहीं है। इसी जगह दलित चिन्तन कानून बनाना चाहता है। ऐसे समय, कानून उस के पक्ष में आए और उस की फरियाद को सुने। ब्राह्मण ग्रन्थों में शूद्र और अछूत की ऐसी किसी फरियाद को सुने जाने का प्रावधान नहीं है। यही जंगल राज की परिभाषा है। यह पहले ही कहा जा चुका है कि द्विज ग्रन्थों में यह नहीं माना गया है कि पति और पत्नी में से कोई विवाह को ले कर कानून के सामने फरियाद ले कर आ सकता है। उन में से किसी की सुनी नहीं जाएगी क्योंकि द्विजों का विवाह अटूट है।

यूँ, कामसूत्र में पत्नी नायिका नहीं है। अलग से जिक्र किया जा सकता है कि सीता रावण के लिए नायिका है, राम के लिए नहीं। रामायण में सीता का जिक्र इसलिए है क्योंकि उसे रावण ले कर भाग गया था। यदि रावण सीता का हरण न करता तो राम और सीता के बीच प्रेम आदि सम्बन्धों का ऐसा कुछ नहीं था जो सीता को रामायण के महाकाव्य में जिक्र लायक बनाता। द्विज साहित्य में विवाह के बाद और पहले भी पत्नी नायिका के रूप में गायब रहती है। यदि उसे पराया मर्द छेड़े तभी वह नायिका के रूप में चर्चित होती है, अन्यथा यूँ ही बिना चर्चा के घर में देवरों, जेठों और ससुरों के साथ जुड़ी पड़ी रहती है। वहाँ पवित्र और अटूट विवाह लागू है कि घर में और घर से बाहर इन बातों का जिक्र नहीं किया जाएगा। कामसूत्रकार ने इस बारे में एक तरह से चुप्पी-सी साध रखी है कि स्त्री के अपने देवर, जेठ और ससुर के साथ काम-सम्बन्ध कैसे जुड़ते हैं। लेकिन यह चुप्पी ही विवाह की पवित्रता और अटूटता का खुलासा है। विवाह की अटूटता मनुष्यों के ऐबों पर चुप्पी है। इसे कहते हैं—फासीवाद की थोंपी गई निश्शब्दता। द्विज मनुष्य की भी अजीब प्रकृति है, जहाँ मनुष्य को वाचाल होना था क्योंकि उसे उस बारे में हर बात का पता है, वहाँ वह निश्शब्द रहता है, और जहाँ उसे सबसे कम बोलना चाहिए था क्योंकि उसे सृष्टि के मूल के बारे में कुछ भी पता नहीं है, वहाँ वह वेदान्ती बन कर सब से ज्यादा बोलता है। यह भी उस की कोई कूटनीति होती होगी कि वह ऐसा दोहरा व्यवहार करता है। अच्छा होता कि घर के इस विषय पर एक सूत्र, एक प्रकरण, एक अध्याय के बजाय एक अधिकरण ही लिखा जाता। मैं तो कहूँगा कि इस विषय पर एक पूरा नया शास्त्र ही लिखा जाना चाहिए कि जब पत्नी को

देवर, जेठ या ससुर रखने लगे तो पति नाम के द्विज जीव की प्रतिक्रिया क्या होती है या क्या हो सकती है। तलाक तो मिल नहीं सकता, फिर आखिर वह कर क्या लेगा–नजरअन्दाज या एन्जोयमेन्ट? संन्यास या हत्या?– पर हत्या किस की? उसे सलाह यह दी जाती है कि बात को दाबे रखो, यही उचित है, इसी में भला है। गूलर को फोड़ कर खाओगे तो भुनके ही भुनके निकलेंगे–बस, पूरे के पूरे को सटक जाओ। यही द्विजों की जीवन शैली है।

पूरे कामसूत्र को पढ़ गया पर प्रेम का कहीं पता नहीं चला। कबीर के ढाई आखर का यह शब्द पूरी किताब से गायब है। कामसूत्र प्रेम-विरोधी संस्कृति की प्रतिनिधि किताब है। यही कारण है, ब्राह्म-विवाह वाली संस्कृति कभी प्रेम के महाकवि को जन्म नहीं दे सकती। तभी द्विज के मुख से 'प्रेम' शब्द का उच्चारण शोभा नहीं देता। उस के लिए ब्राह्म-विवाह की तानाशाही एक ऐसी रसायन है जिस के चलते 'प्रेम' शब्द का अर्थ बदल जाता है। तब प्रेम प्रेम न रह कर जारकर्म बन जाता है। फर्क यह होता है कि प्रेम में कोई चोरी नहीं होती जबकि जारकर्म बिना चोरी के सध ही नहीं सकता। जारकर्म में जारकर्म से पहले चोरी की जाती है। यूँ, जारकर्म में दोहरा अपराध होता है। लेकिन, इस में मुझे यह भी मालूम है कि मैं प्रेम और जारकर्म के अन्तर की इस छोटी सी बात को द्विजों को समझाने में कभी सफल नहीं हो सकता। कारण दो संस्कृतियों की भिन्नता और पृथकता का है। प्रेम के मामले में द्विज संस्कृति कितनी गरीब और कितनी असहाय है!

पत्नी से प्रेम इसलिए नहीं है क्योंकि पति पत्नी के प्रति निष्ठावान नहीं है। पत्नी से बच्चे पैदा हो जाएँ, भले ही वे किसी के भी हों, इस में उन के धर्म की पूर्ति हो जाती है। हाँ, पति जब जारकर्मी और व्यभिचारी है तो पत्नी से प्रेम करता हुआ नहीं कहा जा सकता। पत्नी के प्रति वह भरण-पोषण आदि की धार्मिक ड्यूटी निभा रहा है, उस से प्रेम नहीं कर रहा है। फिर, बहुपत्नीवाद में, जिस की कामसूत्र में इजाजत है, सब से पहले यदि कोई चकनाचूर होता है तो वह प्रेम ही है।

कामसूत्र का नायक न प्रेमी है और न नैतिक है, तब वह क्या है? तब वह जारकर्मी, व्यभिचारी और बलात्कारी है। बलात्कार शब्द पर खास चर्चा न कर के उसे पूरी तरह अनियन्त्रित छोड़ दिया गया है। उस में भी शाप का इशारा है, कानून और दण्ड का नहीं। कमी यह है कि कामसूत्र का वर्ण-व्यवस्था के सिवा विवाह से खास सम्बन्ध नहीं जोड़ा गया। इसे केवल मैथुन माना गया है जो विवाहेतर सम्बन्धों से भरा पड़ा है। परस्त्री से विवाह मत करो लेकिन सम्भोग करो–यह कामसूत्र के ग्रन्थकार की सीख है। यह पुनर्विवाह के मुकाबले में अपराध ही अपराध है जिसे बढ़ावा दिया जा रहा है। यहाँ विवाह एक फर्जी संस्कार और फर्जी दस्तावेज ठहरता है जब उस में सदाचार के कोई नियम और शर्तें नहीं हैं।

पत्नी को तलाक की दृष्टि से देखा जा सकता है। यदि द्विजों का काम मात्र 'पत्नी'

से चल जाता तो ये अपने कानून में तलाक की व्यवस्था रख लेते। सच्चाई यह है कि इन का काम पत्नी से कभी नहीं चलता। पहले विवाह से तलाक ले कर पुनर्विवाह करने में इन्हें अपनी जीवन शैली में दिक्कतें ही दिक्कतें आती हैं। पुनर्विवाह में पुनर्विवाहित पत्नी के प्रति वफादार रहना पड़ेगा। लेकिन सम्भोग के मामले में किसी एक औरत के साथ ऐसी कोई वफादारी निभाने की बात इन के सिर के ऊपर से गुजर जाती है। इसलिए, ये लोग पहले विवाह को ही झूठमूठ के रूप में बनाए रख कर अनेक औरतों से सम्बन्ध बनाते रहते हैं। पुनर्विवाह में यह भी जरूरी होता है कि अपने जोड़ की औरत से विवाह करना पड़ता है लेकिन ऐसा न करके ये हमेशा उम्र के हिसाब से बेमेल औरतों को ढूँढते रहते हैं। किसी वजह से एक हट जाती है तो दूसरी पर डोरे डालने लगते हैं। इस में इन्हें अपनी पत्नी समेत संसार की किसी भी औरत से लगाव नहीं रहता और प्रेम के घर इन के लिए बहुत दूर के बने रहते हैं। मैथुन के मामले में ये कहीं टिकते नहीं हैं। इन के मनों में औरतों के जिस्मों को नोचने की भागमभाग लगी हुई है।

वस्तुतः, ब्राह्म-विवाह ने विवाह को मैथुन से नहीं जोड़ा। मैथुन की दृष्टि से ऐसा विवाह एक फर्जी दस्तावेज होता है क्योंकि विवाहेतर जारकर्म पर कोई कानूनी रोक नहीं है। ब्राह्म-विवाह की परिभाषा मैथुन को छोड़ कर की गई है। लेकिन दलित विवाह में मैथुन सम्मिलित और मर्यादित है। तलाक की व्यवस्था न देने से विवाह की परिभाषा एकपक्षीय, अधूरी और नाकारगर रह जाती है। दिखावे के लिए इसे धातु के एक लोकट या मंगलसूत्र से जोड़ दिया जाता है। यदि ऐसा नहीं है तो विवाह के रहते विवाहेतर मैथुन कैसे हो सकता है? कोई द्विज बताए—"यह सम्भव कैसे है?" उस के दिमाग में ऐसा विचार कैसे आता है? अभी तक भी वे सभ्यता से कितने कोस दूर खड़े हैं?

ङ. वर्ण और विवाह

कामसूत्र में आर्यों के चार प्रकार के विवाहों का जिक्र हुआ है। यह मात्र जिक्र नहीं है बल्कि इन्हें अपने समय में मान्य ठहराया गया है। शब्द इस प्रकार हैं—"अपने देशाचार, कुलाचार के अनुसार, ब्राह्म, प्राजापत्य, आर्ष और दैव इन चार प्रकार के विवाहों में से किसी एक के द्वारा शास्त्र-विधि से कन्या से विवाह करना चाहिए।"[67] यही वात्स्यायन का वर्ण-विधान है। वे लिखते हैं—"ब्राह्मण, क्षत्रिय, वैश्य और शूद्र इन चारों वर्णों में से अपनी जाति की कुमारी कन्या से शास्त्र-विधि के अनुसार विवाह करे। उसमें काम की प्रवृत्ति करने से जो पुत्र पैदा होता है, उससे यश बढ़ता है और लोकधर्म का निर्वाह होता है।"[68] कामसूत्र का एक अन्य सूत्र है—"सवर्णायामन्यन्य पूर्वायां शास्त्रोऽधिगतायां धर्मोऽर्थः पुत्रा सम्बधः पक्षवृद्धिरनुपस्कृता रतिश्च।"[69] इस का हिन्दी में अर्थ इन शब्दों में किया गया है—"अपनी जाति की अक्षतयोनि कन्या से शास्त्र-विधि के अनुसार विवाह करने से धर्म की वृद्धि, धन की प्राप्ति, पुत्र सम्बन्ध, प्रीति सम्बन्ध, वंशवृद्धि और रति की वृद्धि तथा काम वासना की तृप्ति होती है।"[70]

प्राचीन भारत में विवाहों की संख्या आठ रही है। देवदत्त शास्त्री लिखते हैं—'धर्मशास्त्र में आठ प्रकार के विवाह उल्लिखित हैं—ब्राह्म, प्राजापात्य, आर्ष, दैव, गान्धर्व, आसुर, पैशाच और राक्षस। इन में से प्रथम चार शास्त्र-सम्मत हैं, शेष चार शास्त्र-निषिद्ध हैं।"[71] लेकिन वात्स्यायन का इन विवाहों के बारे में क्या विचार है? देवदत्त शास्त्री लिखते हैं—"वात्स्यायन धर्मशास्त्रानुमोदित प्रथम चार प्रकार के विवाहों का ही समर्थन करता है शेष चार का नहीं।"[72] वर्णसापेक्ष विवाह की वकालत करते हुए देवदत्त शास्त्री वात्स्यायन के पक्ष की वाहवाही में लिखते हैं—"वात्स्यायन मुनि दोगली जाति पैदा करने का निषेध करते हैं, इसलिए यह समान जाति में ही विवाह करने का समर्थन करते हैं।"[73] वे इस के लिए गीता समेत अन्य धर्मशास्त्रों का हवाला देते हैं—"इस प्रकार की जाति को हमारे धर्मशास्त्रों में 'संकरवर्ण' कहा गया है। गीता में भी संकर वर्ण को नरक....का कारण बताया गया है।"[74] उन्होंने अपनी पुस्तक के फुटनोट में गीता के प्रथम अध्याय के 41वें से ले कर 43वें तक के श्लोक भी उद्धृत किए हैं।[75]

बताया जाए कि द्विजों के साहित्य में पुत्रार्थ विवाह दो प्रकार का माना गया है—एक नित्य और दूसरा काम्य। देवदत्त शास्त्री सोदाहरण बताते हैं कि मनुस्मृति में काम्य विवाह को मान्यता दी गई है। उस में ब्राह्मण शूद्रा स्त्री से काम्य विवाह कर सकता है। लेकिन याज्ञवल्क्य मनुस्मृति के इस विधान से सहमत नहीं हैं। उन का स्पष्ट मत बताया गया 'है कि ब्राह्मण, क्षत्रिय, वैश्य को शूद्रा स्त्री से पुत्र न उत्पन्न करना चाहिए।'[76] लेकिन इस विषय में खुद वात्स्यायन की आज्ञा क्या है? देवदत्त शास्त्री का उत्तर है—"किन्तु वात्स्यायन....काम्य विवाह का समर्थन नहीं करता। वह रक्त-शुद्धि का पूरा खयाल रखता हुआ शास्त्र-सम्मत, धर्म-सम्मत विवाह का ही समर्थन करता है।"[77] तो, विवाह केवल अपने वर्ण में और बाकी सारा जारकर्म अनुमत—यह कामसूत्र का मनुस्मृति से आगे बढ़ा हुआ विकास और सार है। विवाह में कम या ज्यादा जिम्मेदारी बनती है, लेकिन इस के विपरीत, वात्स्यायन ने कामसूत्र के रूप में एक बेहद गैर-जिम्मेदार विवाहेतर जारकर्म का शास्त्र खड़ा किया है। लेकिन, देवदत्त शास्त्री और उन के वात्स्यायन मुनि यह नहीं बता पाए कि विवाह अपने वर्ण की स्त्रियों के साथ करके सम्भोग अन्य जातियों की स्त्रियों के साथ क्यों किया या करवाया जा रहा है। किसी और का नहीं, वात्स्यायन का ही सूत्र है जिस का देवदत्त शास्त्री ने इन शब्दों में अनुवाद किया है—"कन्या, पुनर्भू और वेश्या—तीन प्रकार की नायिकाएँ होती हैं।"[78] देवदत्त शास्त्री ही लिखते हैं—"वात्स्यायन ने तीन प्रकार की नायिकाओं का उल्लेख करके नायक को उन से प्रेम-सम्बन्ध जोड़ने का निर्देश किया है।"[79] क्या देवदत्त शास्त्री और वात्स्यायन मुनि अपने सिद्धांत का खण्डन खुद कर रहे हैं या दूसरी कौमों और उन की स्त्रियों की बेइज्जती कर रहे हैं?

इससे ज्यादा वात्स्यायन के बारे में सुनने की जरूरत नहीं है क्योंकि उन्होंने जारकर्म को खुल कर खेलने के लिए विवाहेतर सम्बन्धों का बड़ा मैदान बना रखा है जहाँ उनके नायक के लिए वर्णों और जातियों की कोई सीमा या शर्त नहीं रखी गई है। कन्या, परस्त्री, पुनर्भू और वेश्या—यहाँ किसी के साथ मैथुन करने पर रोक नहीं है। यदि कोई रोक है तो वह विवाह पर है, जारकर्म पर नहीं। यह कितनी गलत किताब है जो औरतों के यौन-शोषण के लिए शास्त्र के रूप में तैयार की गई है! वास्तव में, कामसूत्र एक बेहद बेहूदी और गन्दी किताब है और दलितों की तरफ से सिरे से खारिज करने लायक है। पर आश्चर्य की ही बात कही जाएगी कि जारकर्म की यह किताब इतनी सिलसिलेवार लिखी गई है कि इसे शास्त्र कहने का जामा पहनाया गया है। सही बात है, द्विज संस्कृति का लेखक ही ऐसी किताब लिख सकता था। यही कारण है कि आजीवकों में से किसी ने कभी ऐसी कोई किताब नहीं लिखी क्योंकि उन की संस्कृति जारकर्म की अनुमति नहीं देती।

'सम अप' किया जाए तो कहा जाए कि कामसूत्र ने वर्णाश्रम धर्म की शब्दावली की रट लगानी नहीं छोड़ी है जब उस में लिखा गया है, "लोगों का जीवन वर्णाश्रम धर्म

पर निर्भर है।"[80] यूँ, वे कामसूत्र लिखने बैठे थे लेकिन उन्होंने उसे वर्णसापेक्ष और जातिसापेक्ष बना कर रख दिया है। तब क्या उन का कामसूत्र सच में मनुष्य का सार्वभौम कामसूत्र है? उत्तर साफ है—एकदम नहीं। उन्होंने कामशास्त्र पर पुस्तक लिखते समय काम की चिन्ता न करके वर्ण और जाति की ही चिन्ता की है। उतने मायनों में यह कामशास्त्र मनुष्य के बेफायदे की चीज है जब इसे काम के वेग के सामने भी विवाह के लिए अपने वर्णों और जातियों की रक्षा करने की पड़ी हुई है। असल में, यह झूठा कामशास्त्र है जो केवल द्विजों के स्वार्थ-हित में लिखा गया है। यह गैर-द्विजों के कामजनित हितों का प्रतिनिधित्व और उन की रक्षा नहीं करता। यह द्विज कामसूत्र है—अर्थात मनुष्य की दृष्टि से फेल कामसूत्र। जनता के एक बड़े भाग को इसे पढ़ने से कुछ भी लाभ नहीं है। कहा जाए कि कामसूत्र वात्स्यायन के द्वारा लिखी गई द्विजों के रहन-सहन की प्राचीन रिपोर्टिंग है। इसे आजकल हिन्दू धर्म की जीवन-शैली कहा जाता है। कामाचार की इस रिपोर्ट को दलित लोग रद्दी की टोकरी में फेंकते हैं क्योंकि इस की सिफारिशें धर्म, समाज, राष्ट्र और परिवार के खिलाफ जाती हैं।

कुछ लोग इस भ्रम में हैं कि जारकर्म से जाति टूटती है। ये लोग वे हैं जो बहुत दिनों से भारत में जाति प्रथा को तोड़ने में लगे हुए हैं। लेकिन यह सच नहीं है कि जारकर्म से जाति टूटती है बल्कि इस का उलटा सच है कि जारकर्म से जातिवाद मजबूत होता है। यह यहाँ तक सच है कि जातियों की ऊँच-नीच और छोट-बड़ाई जारकर्म में ही तब्दील हो जाती है। वात्स्यायन के कामसूत्र की स्कीम देख ली गई है कि विवाह अपनी जाति में और जारकर्म अपनी समेत दूसरी जातियों में किया जाता है। द्विज शास्त्रकारों का विभाजन बहुत साफ है कि विवाह अपने वर्ण में ही किया जाना है। जो छूट मिली है वह जाति में और जाति से बाहर जारकर्म और व्यभिचार की है। स्पष्ट बात है, जारकर्म और व्यभिचार को जाति के भीतर या जाति से बाहर कहीं भी न्यायोचित नहीं ठहराया जा सकता। उलटे, जारकर्म, व्यभिचार और बलात्कार अपराध की श्रेणी में आते हैं। इसलिए, यदि उन लोगों को हिन्दू धर्म की जातियाँ वास्तव में तोड़नी हैं तो जारकर्म का पक्ष या सहारा न ले कर उन्हें विवाह में जातियों को तोड़ने का तर्क आगे रखना चाहिए। तब होना यह चाहिए कि विवाह वर्ण और जाति के बाहर हो तथा जारकर्म, व्यभिचार और बलात्कार न जाति के भीतर हों और न जाति के बाहर।

च. 'भारतीय नारी' का मिथक

भारतीय नारी के बारे में मिथ्या धारणाएँ काम कर रही हैं। भारतीय नारी की वास्तविकता पर चर्चा न करके भारतीय नारी के मिथक पर बहस के लिए आमन्त्रित किया जाता है। लेकिन मैंने कसम खाई है कि मैं किसी मिथक, किंवदन्ती या प्रक्षिप्त पर बात नहीं करूँगा। मैं सीधे वास्तविकता पर बहस करूँगा जो हम सब के सामने है। भारतीय नारी से सम्बन्धित वास्तविकता हमें खुद कामसूत्र से प्राप्त होती है। देवदत्त शास्त्री ने लिखा है—"वात्स्यायन ने यह भी बताया है कि एक राजा की अनेक रानियाँ अपनी अतृप्त वासनाओं को शान्त करने के लिए अपनी सहेलियों, सखियों, दासियों को पुरुष वेश धारण करा कर कृत्रिम लिंग द्वारा संभोगरत हुआ करती थीं। बैंगन, मूली आदि को साधन बनाया करती थीं।"[81] रानियों के बारे में ही नहीं, अन्य स्त्रियों के बारे में भी बताया गया है—"यदि पुरुष की गुप्तेन्द्रिय छोटी होती है और उस से स्त्री की भोगेच्छा शान्त नहीं होती तो वह अपनी वासना की तृप्ति के लिए कृत्रिम लिंग का प्रयोग करती है।"[82] वात्स्यायन की इस गवाही को सच न मानने के कोई कारण नहीं हैं—"ग्राम नारी नागा पहाड़ी देश में तथा स्त्री राज्य में....अन्तःपुर वासिनी स्त्रियाँ अपने जनानखाने में अनेक युवकों को छिपा कर रखती हैं।"[83]

कामसूत्र में लिखा गया है—"कोशल देश तथा स्त्रीराज्य की स्त्रियों को भोगेच्छा शान्त करने के लिए प्रचण्ड वेग की आवश्यकता पड़ती है। उन्हें शान्त करने के लिए उनके गुह्यस्थान में प्रहार किए जाते हैं। फिर भी वे स्त्रियाँ जब शान्त नहीं होतीं तो अपद्रव्य—'बनावटी लिंग' का प्रयोग करती हैं।"[84] स्त्री राज्य के बारे में देवदत्त शास्त्री ने अनुमान लगाया है कि वर्तमान कुल्लू घाटी से ले कर रूवालसर या मंडी तक स्त्रीराज्य रहा होगा।'[85] कहने का मतलब यह है कि स्त्रीराज्य के नाम से यहाँ वात्स्यायन भारत के भूगोल से बाहर के किसी विदेशी राज्य की बात नहीं कर रहे हैं।

भारतीय नारियों के बारे में यह कामसूत्र की गवाही है—"बहुत-सी स्त्रियाँ उपभोग के लिए भी दूसरे पुरुषों को प्राप्त करती हैं।"[86] अन्तःपुर की रानियों के बारे में लिखा

गया है कि वे 'धाय की लड़की, सहेली या दासी को पुरुष की भाँति वस्त्रालंकार पहना कर मूली, गाजर, बैंगन आदि का कृत्रिम लिंग बनाकर, उन्हें अपने ऊपर लिटा कर कृत्रिम संभोग से तृप्त हुआ करती हैं।'[87] 'बिना दाढ़ी, मूछ के स्त्री जैसे जान पड़ने वाले पुरुषों को स्त्री वेश धारण करा कर अपने पास सुलाती हैं।'[88] ध्यान रहे, यहाँ दलित-पिछड़े वर्गों की बात नहीं हो रही है बल्कि द्विजों का सारा अभिजातपन उजागर हो गया है। यदि कुछ कमी रह गई थी तो वह अगले दो श्लोकों में पूरी हो जाती है—"अन्तःपुरवासिनी स्त्रियाँ आपस में एक दूसरे के रहस्य को जान कर संगठित हो जाएँ और अपने अभीष्ट कार्य को सिद्ध करने का निश्चय करके जो बाकी बची हुई स्त्रियाँ हों उन्हें भी अपनी ओर फोड़ लें। एक दूसरे का चरित्र खराब करने के बाद जब सभी एक ही आचरण की हो जाएँ तब फिर कोई किसी का भेद नहीं खोलती और सभी यथेष्ट फल प्राप्त करती हैं।"[89] तो, ये अनगिनत द्विज नारियाँ अपने-अपने पल्लों में व्यभिचार की गाँठें बाँधे पड़ी हैं। विश्व में इन्हें ही सती और साध्वी कह कर प्रचारित किया जाता है—अर्थात भारतीय नारी। कामसूत्र को उद्धृत करते हुए इन के कुछ ज्यादा उदाहरण दिए जा सकते हैं :

1. "अपरान्तक क्षेत्र के राज कुल में आने-जाने वाली स्त्रियाँ सुन्दर, चण्डवेग तरुणों को राजमहलों में प्रविष्ट करा देती हैं।"[90]
2. "वत्सगुल्मराज के राजभवन में दासी के वेष में दासियों के साथ तरुणों को ले जाया जाता है।"[91]
3. "विदर्भराज की रानियाँ तो अपने कोख से उत्पन्न पुत्र को छोड़ कर सभी राजकुमारों से सहवास कराती हैं।"[92]
4. "सिन्ध देश में जिन नौकरों, नागरिकों को राजमहल के अन्दर प्रवेश करने की मनाही नहीं है उन सब के साथ वहाँ की रानियाँ सहवास कराती हैं।"[93]
5. "अंग, बंग और कलिंग देश के राजमहलों में ब्राह्मण लोग मंत्राक्षत देने जाते हैं तब रानियाँ उन से परदे की ओट से बातें करती हैं। और इसी प्रसंग में वहाँ व्यतिकर सम्प्रयोग भी हो जाता है।"[94]
6. "प्राच्य देश की रीति यह है कि आठ-दस स्त्रियाँ मिलकर किसी चण्डवेग तरुण को फँसा कर अपने पास रखती हैं।"[95]

बात आई-गई नहीं है बल्कि सच्ची और गहरी है। तभी वात्स्यायन आगाह करते हैं—"इन्हीं कारणों से अपनी स्त्रियों की देख-रेख करनी चाहिए"[96]—"एभ्य एवं च कारणेभ्यः स्वदारान् रक्षेत्।"[97] अपनी औरतों को फँसने मत दो और दूसरों की औरतों को फँसाओ—द्विज संस्कृति इसी तनाव को ले कर जीती है।

कामसूत्र ने एक बहुत बड़ा तथ्य सामने रख दिया कि पति किन-किन परिस्थितियों में अपना द्विविवाह करता है। वे इस प्रकार हैं—"मूर्खता, चरित्रहीनता, दुर्भाग्य एवं निःसन्तान होने अथवा बार-बार लड़कियों के पैदा होने से अथवा पति की चंचल वृत्ति होने के कारण एक पत्नी के रहते हुए दूसरा विवाह किया जाता है।"[98] बड़ी बात है कि इन में चरित्रहीनता को एक कारण माना गया है। इसे संस्कृत में 'दौःशील्य' कहा गया है जिसे यशोधर ने अपनी 'जयमंगला' टीका में 'दौशील्यं चारित्रखण्डनात्'[99] कहा है। सवाल यह है कि ऐसी चरित्रहीन औरत से तलाक लेने का प्रावधान क्यों नहीं रखा गया? पति ने अपना द्विविवाह कर लिया पर पहली औरत की चरित्रहीनता को मिटाने का उपाय क्या है? व्यभिचार के गुलदस्तों का यह तोहफा घर में ज्यों का त्यों क्यों विराजमान है? मुझे मालूम है, इस सवाल को ज्यादा किरोद कर पूछने पर एक कामसूत्र क्या, अपने सारे दूसरे शास्त्रों समेत पूरी द्विज संस्कृति बहरी और गूँगी हो जाएगी। इस प्रश्न के उत्तर में वात्स्यायन की रूह काँप जाएगी क्योंकि यह उत्तर उन के फरिश्तों के पास भी नहीं है। सारे शास्त्रकार कतार बांधे बेजुबान खड़े हो जाते हैं—क्यों? क्योंकि वे ही हैं जिन पर रोक लगनी है। यदि वे दूसरी तरह के लोग होते तो सब से पहले उस औरत से तलाक लेने की बात कहते। परिणाम यही है, पूरी संस्कृति जारकर्म पर कोई रोक न लगाती हुई इसी अवस्था को भोगती और सहती आ रही है। इस में तलाक के बिना पुरुष का द्विविवाह अनुमत है जबकि तलाक के बिना पुरुष और स्त्री दोनों को जारकर्म की अनुमति प्राप्त है।

यहाँ 'कामसूत्र' की या उस के रचयिता वात्स्यायन के बचाव की जरूरत नहीं है। दुर्भाग्य से, इस पुस्तक के हिन्दी व्याख्याकार का मुख्य काम इन के बचाव का हो गया है। जरूरत इस बात को जानने की है कि कामसूत्र अपने समय की और भारतीय भूगोल की प्रतिनिधि ग्रन्थ-रचना है। भारत से बाहर का इस में कुछ भी नहीं है, इसलिए इस पर विदेशी प्रभाव का इल्जाम लगा कर बचा नहीं जा सकता। जो परम्परा मिली है, वह भी इसी देश के पूर्व आचार्यों की है। देशों के रूप में इस पुस्तक में निम्न देशों का उल्लेख हुआ है :

1. पांचाल[100]
2. लाट[101]
3. गौड़[102]
4. द्रविड़[103]
5. दक्षिण[104]
6. महाराष्ट्र[105]
7. सौराष्ट्र[106]
8. बाह्लीक[107]
9. अवन्ती[108]
10. मालवा[109]
11. आभीर[110]
12. सैन्धव[111]
13. अपरान्तक[112]
14. कोशल[113]
15. स्त्रीराज्य[114]
16. आन्ध्र[115]

17.	वनवासी[116]	18.	पाटलिपुत्र[117]
19.	चोल[118]	20.	कुन्तल[119]
21.	प्राच्य[120]	22.	अहिच्छत्र[121]
23.	साकेत[122]	24.	सौरसेन[123]
25.	कोट्टराज[124]	26.	काशी[125]
27.	वत्स-गुल्म[126]	28.	विदर्भ[127]
29.	हैमवत[128]	30.	अंग[129]
31.	वंग[130]	32.	कलिंग[131]

इन राज्यों या देशों में एक बाह्लीक ही विदेशी है। बाह्लीक को बलख माना गया है। लिखा गया है—"बाह्लीक देश आजकल बलख कहलाता है, यह भारत के उत्तर-पश्चिम में है। प्राचीन पारसी इसे बख्तर और यूनानी बैक्ट्रिया कहते हैं।"[132] लेकिन कामसूत्र में बाह्लीक का जिक्र इसी रूप में हुआ है कि वहाँ से भारतीयों का सम्बन्ध रहा है। आज बलख और बुखारा साथ-साथ बोले जाते हैं। अन्य पुस्तकों के प्रमाण्णें से यह भी पता चलता है कि बाहलीक भारत में ही था। उस बहस को यहाँ रोका जा रहा है और कामसूत्र में आए इस विषय के आचार्यों के नाम दिए जा रहे हैं। वे इस प्रकार हैं :

1.	नन्दी[133]	2.	बाभ्रव्य[134]
3.	श्वेतकेतु[135]	4.	गोनर्दीय[136]
5.	दत्तक[137]	6.	घोटकमुख[138]
7.	गोणिकापुत्र[139]	8.	वात्स्यायन[140]
9.	चारायण[141]		

इन में से किसे विदेशी कहा जाए? इन महोदयों को विदेशी इसी अर्थ में कहा जा सकता है कि इन की भाषा को देशी लोग नहीं समझते हैं अन्यथा ये सारे के सारे यहीं के हैं।

भाषा सम्बन्धी प्रभावों से भी पता चलता है कि उस समय देश का विस्तार कैसा रहा था। भाषा के मामले में वात्स्यायन ने एक बीच का रास्ता निकाला है। वे लिखते हैं—"सभाओं और गोष्ठियों में न तो केवल संस्कृत में ही बोला जाए और न केवल देश भाषा में। ऐसा करने से वक्ता सर्वमान्य और सर्वसम्मानित नहीं हो सकता....।"[142] यहाँ जो अप्रत्यक्ष प्रमाण मिलता है वह यह है कि संस्कृत के मुकाबले में प्राकृत, पालि, अपभ्रंश और अवहट्ठ के नाम नहीं लिए गए हैं। शब्द 'देशभाषा' का प्रयोग किया गया है जिस का मतलब है कि तब एक से अधिक 'देशभाषाएँ' मौजूद थीं। ये ही देशीभाषाएँ आज हमें विरासत में मिली हैं। वात्स्यायन ने जो देशों के नाम अलग से गिनाए हैं उन

से संकेत मिलता है कि तब उतनी देशभाषाएँ हो सकती थीं। साथ ही, पता चलता है कि तब इस देश में म्लेच्छ भाषा भी प्रयोग में थी। हो सकता है, म्लेच्छ भाषा भी एक न हो कर कई रही हों। यहाँ केवल इतना जान लेना है कि कामसूत्र में वर्णित 64 कलाओं में ये दो कलाएँ भी शामिल हैं—म्लेच्छितविकल्प और देशभाषाविज्ञान। 'म्लेच्छित विकल्पा :– गुप्तभाषाविज्ञान' तथा 'देशभाषाविज्ञानम्' विभिन्न देशों की भाषाओं का ज्ञान है।'[143] इस का मतलब है कि तब इस देश में संस्कृत के अलावा विदेशी और देशी भाषाएँ मौजूद थीं जो इस देश को बहुत पहले से ही बहुभाषी देश बनाती रही हैं।

इसलिए भारतीय नारी मात्र वैसी नहीं है जैसी इसे सोच-समझ कर आधी-अधूरी चित्रित किया जाता है। भारतीय नारियाँ भी संसार की अन्य नारियों के समान अच्छी और बुरी दोनों प्रकार की हैं। यहाँ वे सदाचारी समाज भी रहते हैं जो व्यभिचार होने पर पत्नी से तलाक ले लेते हैं तथा वे द्विज समाज भी रहते हैं जहाँ तलाक का प्रावधान नहीं है। सभी देशों की नारियाँ अपनी प्रवृत्ति में एक सी होती हैं, केवल उन पर लागू होने वाले कानून उन्हें भिन्न-भिन्न रास्तों की ओर मोड़ते हैं। जिस समाज में तलाक की अनुमति नहीं दी गई है उसे स्त्री के जारकर्म और व्यभिचार के लिए रास्ता देना ही पड़ता है और जो समाज जारकर्म और व्यभिचार पर रोक लगाता है वह अनिवार्य रूप से विवाह के कानून में तलाक और पुनर्विवाह की स्वतन्त्रता देता है। द्विजों ने पहला रास्ता अपनाया है तथा दलितों ने दूसरा रास्ता अपनाया है। इस प्रकार, जारकर्म और व्यभिचार द्विज नारियों के लिए पराई चीज नहीं है। कामसूत्र को ध्यान में रखते हुआ कहा जा सकता है कि किसी भी अन्य देश के समाज के मुकाबले में यह इन की ज्यादा निजी चीज है। यहाँ कामाचार हजारों साल से संस्थागत रूप धारण किए चल रहा है। वेश्यावृत्ति, देवदासी प्रथा और राधासाहित्य इस के प्रबल प्रमाण हैं।

छ. यौन-अपराध अदण्डित

परस्त्रीगमन के मामले में वात्स्यायन के मन में कोई नैतिक संकोच नहीं है। किसी भी दण्ड से वे डरे नहीं हैं क्योंकि इस अपराध के लिए किसी दण्ड का जिक्र नहीं है। डर है, पर वह केवल उस स्त्री के पति का है। वे यही मान कर चलते हैं कि इस में खतरे हैं। इस प्रकार, वात्स्यायन का यह नायक जार तो है ही और साथ मे सारा कुकर्म एक चोर की भाँति कर रहा है। हाँ, यहाँ जार के रूप में चोर ही बोल रहा है जब वात्स्यायन ने सलाह दी है—"पराई स्त्रियों में नखक्षत, दन्तक्षत आदि न करना चाहिए। हाँ उन के गुप्त स्थानों में स्मृति के लिए और राग बढ़ाने के लिए नखचिह्न बना देने चाहिए।"[144] यहाँ वात्स्यायन ने यह हिदायत दी है कि पराई स्त्री के शरीर पर दीखने वाले भाग पर दांत और नाखून से निशान नहीं बनाने चाहिए लेकिन यह सीख नहीं दी कि पराई स्त्री के साथ सम्बन्ध नहीं रखना चाहिए। वात्स्यायन को डर लग रहा है कि ऐसे निशान पड़ने से पति पूछेगा कि वे कैसे पड़े हैं। निश्चित रूप से, वात्स्यायन का यह कामसूत्र चोरों और जारों की सहायता के लिए लिखा गया है।

जब चोर चोरी करने चलता है तो वह सौ तरह से सोचता होगा—किस के घर चोरी की जाए, किस के घर चोरी करने से खतरा है। इसी प्रकार, कामसूत्र का जार जब जारी करने चलता है तो दो प्राचीन श्लोकों को याद करता है। पहला श्लोक इस प्रकार है—"जिस घर में नायिका के पति ने किसी दूसरी स्त्री का व्यभिचार देखा या सुना हो, वहाँ आसानी से भी मिलने वाली से मिलना ठीक नहीं है।"[145] दूसरे श्लोक में चेतावनी के रूप में समझाया गया है—"आत्मविश्वासी व्यक्ति को चाहिए कि वह शंकित हृदय वाली, रक्षित, डरपोक और सास-ससुर वाली स्त्री को भूल कर भी न चाहे।"[146] तो, यहाँ प्यार-व्यार कुछ नहीं है, सब कुछ जारकर्म का हिसाब-किताब है। सास-ससुर वाली बहू के साथ जारकर्म न करने की सलाह देने से यही पता चलता है कि वात्स्यायन के पास जारकर्म केवल चोरी है और प्रेम नहीं। ताकतवर और जागरूक पति की बहू के साथ जारकर्म न करने की सलाह के चौकन्नेपन का यही मतलब निकलता है कि वात्स्यायन का जार एक कमजोर नायक है या खलनायक है।

यह महाकवि की कविता नहीं बल्कि जारकर्मी की बदफैली है जिस रूप में कामसूत्रकार ने फलों, फूलों और प्रकृति की अन्य देनों का नाम गन्दा किया है। देवदत्त शास्त्री लिखते हैं–"पराई स्त्रियों को फँसाने के लिए कामसूत्रकार ने संकेतों और इशारों को प्राथमिकता दी है।"[147] वे भारत के सारे कामशास्त्रियों के बारे में लिखते हैं–"जैसे–पुरुष को उस का नाम न ले कर 'फल' और स्त्री को फूल कह कर सम्बोधित किया जाना। उन के वंश को 'अंकुर' कहना चाहिए।"[148] आगे उन्होंने कामशास्त्रियों के कोडवर्डों की झड़ी ही लगा दी है–"यदि वह ब्राह्मण जाति का है तो दाडिम, क्षत्रिय है तो कटहल, वैश्य है तो केला, शूद्र है तो आम, राजकुमार है तो चांद, राजा है तो घटा, हीन कुल का हो तो कालपुष्प, सामन्त खान्दान का हो तो सर, तरुण है तो मध्याह्न, बच्चा हो तो अपक्व, वृद्ध हो तो पक्व, और स्त्री के लिए वह ब्राह्मणी हो तो कुन्दपुष्प, राजकुमारी हो तो मालती, वैश्यपुत्री हो तो मल्लिका, शूद्रपुत्री हो तो कुमुदिनी, व्यापारी की लड़की हो तो सरोज, मन्त्री की लड़की हो तो उत्पल कह कर सम्बोधित करना चाहिए।"[149] यह सारी खराब भाषा है लेकिन इस से फिर भी एक बात का पता चलता है कि इन कामशास्त्रियों ने ब्राह्मणियों को भी पराई स्त्रियों के रूप में फाँसा है। इन्होंने किसी को नहीं छोड़ा–इसलिए यहाँ एक शूद्रपुत्री का नाम उभारने में अलग से कुछ खास अर्थ नहीं है।

कामसूत्र ने अच्छे से अच्छे शब्द को लिया है और उस के अर्थ का नाश किया है। बताइए, 'मणिमाला' कितना अच्छा शब्द है, लोग प्यार में अपनी बेटियों का नाम मणिमाला रखते हैं। इस का अर्थ मणियों की माला है। लेकिन वात्स्यायन ने क्या किया है? अपनी कामदृष्टि की वजह से उस ने इस का अर्थ बिगाड़ कर रख दिया है। उस का सूत्र है–"सर्वस्येयं मणिमालायाश्च।"[150] इस का हिन्दी में अर्थ किया गया है–"कई स्थानों पर प्रवालमणि दन्तक्षत करने से जो पंक्ति बन जाती है उसे मणिमाला कहते हैं।"[151] क्या कहा जाए, संस्कृति ही बेलगाम है, यहाँ आ कर शील और सदाचार का सब कुछ फेल हो जाता है।

कई औरतों ने और पुरुषों ने मेरे और मेरे जैसे अन्य लोगों के खिलाफ यह माना है कि जारकर्म अनिवार्य, आवश्यक, जैविक और मानवीय कमजोरी है। उन के साथ-साथ देवदत्त शास्त्री कामसूत्र की व्याख्या में यही मत आगे ले कर बढ़ रहे हैं। लेकिन यदि विवाहेतर जारकर्म को मानव स्वभाव के अन्तर्गत लाया जाता है तो इस के विरोध को उस से पहले मानव स्वभाव के अन्तर्गत लाया जाना चाहिए। मानव स्वभाव की सन्तुष्टि के लिए विवाह की संस्था खड़ी की गई है। विवाह मानव स्वभाव के खिलाफ कोई विद्रोह या बदले की भावना नहीं है। विवाह मानव स्वभाव को केवल नियमित और नियन्त्रित करता है। विवाह ने सेक्स को नहीं नकारा है। विवाह 'काम जराय जोगी हो गए हिजरा' वाली बात नहीं है। विवाह के द्वारा सेक्स को नियमित करके हम अच्छी सन्तान पैदा कर सकते हैं। यह खेती में पानी के लिए डोल और भरे आदि बनाना और

बांधना है। कोई डोल गलत बांधता है तो उसे तोड़ डालो और दुबारा ठीक करो पर यह कैसे कहा जा सकता है कि डोल ही न रखी जाए? यह केवल एक सेक्स के मामले की बात नहीं है, मनुष्य ने अपने व्यक्तिगत और सामाजिक जीवन के सभी क्षेत्रों में ऐसी डोलें बांध कर अपना और अपने समाज का विकास किया है। स्वास्थ्य, खानपान, पहनावा, शिक्षा, श्रम, पूँजी—सभी क्षेत्रों में नियम और कानून बनाए गए हैं। गुनाह और माफी, प्रायश्चित और तौबा तथा अपराध और दण्ड तभी अस्तित्व में आए हैं—और सही आए हैं। फिर, वहाँ भी शरणागत और पतितपावन तथा कन्फेशन और गुनाह-कबूल की बहुत बातें की जाती हैं लेकिन गुनाह-कबूल में दण्ड-कबूल शामिल क्यों नहीं है? कन्फेशन पूरा ही तब हुआ कहा जाना चाहिए जब आदमी पूरी सजा भुगत चुके। सजा भुगतने के बजाय भारत के द्विजों ने पाप के प्रायश्चित की यह कौन सी कला चलाई है कि अपराधी हमेशा अदण्डित रह जाता है? जारों का कृष्ण की शरण में जाने का अर्थ क्या है? बिना कानून द्वारा निर्धारित दण्ड भोगे प्रायश्चित करना व्यवस्था की आँख में धूल झोंकना है। ऐसे शरणागत होना तो अपनी आँख की शर्म उतार कर चकले में और अड्डे में शामिल हो जाना है। इसे कोई भक्ति कैसे कह देगा?

यदि जारकर्म मानव स्वभाव है तो जारकर्मी चोर क्यों बनता है? वह अपने पति के साथ चलती किसी की औरत को सड़क पर से सीधे हटा लिया करे या पति को खाट से परे फेंक कर खुद उस औरत पर....! लेकिन यह मानववाद का मानव स्वभाव नहीं है बल्कि कुछ लोगों में पशुपन और जंगलीपन का अवशेष है चाहे वह अमरीका का कवि वाल्ट व्हिटमैन ही क्यों न हो। इसीलिए, जिस दिन से जारकर्म चल रहा है, उसी दिन से इसका विरोध भी चल रहा है। वात्स्यायन इस जबर्दस्त विरोध को समझते हुए अपने प्यारे जार नायक को सलाह और चेतावनी देते हुए लिखते हैं कि लोगों को और राजाओं को दूसरों के घरों में घुस कर जारकर्म नहीं करना चाहिए—'न त्वेवं परभवनमीश्वरः प्रविशेत्।'[152] ऐसा नहीं है कि यहाँ पर उपदेश दिया जा रहा है कि जारकर्म बुरा है बल्कि इस के खतरे बताए जा रहे हैं कि जो ऐसी भूल करते हैं उन के साथ क्या सलूक हो सकते हैं। वे लिखते हैं—"क्योंकि कोट्ट (गुजरात) के आभीर राजा को वसुमित्र सेठ की स्त्री से सहवास करते हुए, सेठ के भाई ने एक धोबी से मरवा दिया। इसी प्रकार काशिराज जयसेन को अश्वाध्यक्ष ने मार डाला था।"[153] तो, सलाह यह नहीं दी गई है कि जारकर्म नहीं करना चाहिए बल्कि यह दी गई है कि दूसरों के घरों में घुस कर जारकर्म नहीं करना चाहिए। समझाया गया है कि पराई स्त्री को अपने घर में ला कर उस से जारकर्म करना चाहिए। प्रमाण इस प्रकार है—"जिस पर राजा अनुरक्त हो और दासी के द्वारा वह न आए तो राजा स्वयं उस से मिल कर उसे आकृष्ट करे और सहवास कर चुकने के बाद प्रेमपूर्वक उसे विदा करे।"[154] प्रमाण और भी दिए जा सकते हैं—"गाने-बजाने आदि जिस कला में राजा की प्रेयसी विख्यात हो, उस का प्रदर्शन करने

के लिए उसे अन्तःपुर में रहने वाली स्त्रियाँ बुलायें। जब वह राजमहल में आ जाये तो राजा की दासी उसे राजमहल दिखाने के बहाने राजा से मिला दे।''[155]

तो, मानव स्वभाव क्या हुआ—जारी या जार को जान से मारना? क्या मनुष्य को यह स्वाभाविक रूप से सहन है या वेश्याओं की तरह सब तरफ से बांध कर उस से इसे जबरन सहन करवाया जा रहा है कि उस की पत्नी या उस का पति जारकर्म में रत रहेगा? पुरुष चून का भी होगा और स्त्री मिट्टी की भी बनी होगी—यह वेदना सब के लिए असह्य है। यही मानव स्वभाव है। तभी कहा जा रहा है कि यदि बीच में कानून आ जाए तो सेक्स की वजह से लोगों को हत्या और आत्महत्या से बचाया जा सकता है। समाज में लोगों को आपस में कटने-मरने और सिर-फुड़ौवल के लिए छोड़ते हुए कानून हाथ धो कर निफराम एक कोने में खड़ा तमाशा कैसे देख रहा है? इसलिए, जारकर्म को सिद्धांत के रूप में मानव स्वभाव कहने में यह भारी दोष है कि उस में गुलामी को भी मनुष्य का स्वभाव मान लिया गया है। फिर, मनुष्य की स्वतन्त्रत क्या है —जार पत्नी के पैर दबाना, या जार पति को परमेश्वर कह कर उस की पूजा करना? उत्तर में, मुझे खूब मालूम है, किसी द्विज को मेरी यह बात समझ में नहीं आएगी, लेकिन किसी भूल में न रहते मैं भी यह बात अपने दलितों को ही सम्बोधित कर रहा हूँ, द्विजों को नहीं।

कामसूत्रकार के लिए भारत का सारा संसार जारमय हो गया है। वे लिखते हं—''गाँव के तरुण मुखिया, गाँव के तरुण अधिकारी (आयुक्त) हलोत्थवृत्ति ग्रामकूट (पटवारी) के तरुण पुत्र का ग्रामीण युवतियाँ केवल कहने मात्र से सहवास स्वीकार कर लेती हैं। विट लोग ऐसी स्त्रियों को 'चर्षणी' कहते हैं।''[156] वे चर्षणी स्त्रियों के बारे में आगे कहते हैं—''जब चर्षणी स्त्रियाँ पीसने, कूटने, पकाने, चीज वस्तु को धरने, उठाने, घर की सफाई करने कोठार या घर में प्रवेश करें अथवा खेत में काम करने जायें, कपास, ऊन, अलसी, सन, मूंज, सूत लेने के लिए प्रवेश करें अथवा जिस समय वस्तुओं की खरीद-फरोख्त हो रही हो, उन से वस्तुएं मंगाई और रखायी जा रही हों, इत्यादि ऐसे ही काम करते समय इन से छोटे अधिकारी सहवास कर सकते हैं।''[157] ''गवाध्यक्ष अधिकारी दही मथते समय ग्वालिनों से सहवास कर सकता है।''[158] ''विधवा, अनाथ और संन्यासिनी स्त्रियों के साथ सूत्राध्यक्ष सहवास कर सकता है।''[159] ''रात को पहरा देते हुए रहस्यों का ज्ञाता नगराध्यक्ष भी घूमने वाली स्त्रियों से सहवास कर सकता है।''[160] ''माल को बेचते-खरीदते समय बाजार का पण्याध्यक्ष बाजारू औरतों से सहवास कर सकता है।''[161] सामाजिक श्रेणी की कोई स्त्री नहीं बची है जब लिखा गया है—''बहुला अष्टमी, कौमुदी महोत्सव, सुवसन्तक आदि उत्सवों के दिन राजधानी, जिला, तहसील की रहने वाली स्त्रियों के साथ तथा अन्तःपुर में रहने वाली स्त्रियों के साथ प्रायः ऐसी क्रीड़ायें हुआ करती हैं।''[162]

पर राजधानी, जिले और तहसील की ये भारतीय नारियाँ क्या इतना ही खास करती हैं? नहीं, वे शराब भी पीती हैं। वात्स्यायन लिखते हैं—"उन क्रीड़ाओं में मदिरा-पान करके शहरी स्त्रियाँ अपने परिचय की अन्तःपुरिकाओं के साथ अलग-अलग गुप्त जगहों में बैठकर गप्पें लड़ाती हैं और वहाँ स्वागत सत्कार, खाना-पीना प्राप्त कर शाम को बाहर निकलती हैं।"[163] यहाँ इस बात का विशेष ध्यान रखा जाए कि लोग शाम को अपने घर वापिस आया करते हैं पर ये भारतीय नारियाँ उस समय शराब पी कर घर से बाहर निकल रही हैं। यहाँ खास समझने की बात यह है कि कामसूत्रकार की इन नारियों में से एक भी विदेशी नहीं है। वह कन्यागमन, परस्त्रीगमन और वेश्यागमन के लिए सारी स्त्रियाँ यहीं से पाता है। जिन भारतीय नारियों का लोग गुणगान करने में लगे हैं और मुझ जैसे आदमी को बोलने नहीं देते, उन के लिए मेरी तरफ से वात्स्यायन की ये गवाहियों पर गवाहियाँ हैं कि उस काल में भी भारतीय नारियाँ शराब पी कर शाम को घर से बाहर निकल रही हैं।

यह अब तक राजकर्मचारियों और अधिकारियों की बात हुई कि उन के लिए गाँवों और शहरों की औरतें किस प्रकार सुलभ हैं, लेकिन खुद राजा के बारे में क्या बताया गया है? कामसूत्रकार ने लिखा है—"वहाँ पर राजा द्वारा भेजी हुई दासी उस स्त्री से बात करे जिस से पहले बात तय हो चुकी हो जो खास तौर से उस दिन राजा के सहवास के लिए उत्सव के बहाने राज भवन में आई हो।"[164] इस के बाद सूत्रकार लिखता है—"राजा से सहवास करा चुकने के बाद दासी उस स्त्री को समझा दे कि वह इस बात को किसी से कहे नहीं।"[165] वास्तव में, कामसूत्र अन्धेर नगरी और चौपट राजा की कहानी है और ऐसे ही ये हिन्दू राज चलते हैं। द्विजों की कहानी इन्हीं दो बातों की होती है—या तो संन्यास या कामसूत्र। घर-गृहस्थी की इज्जत करने का रास्ता इन के पास नहीं है। शील और सदाचार से बच कर दोनों अतियों की ओर को भागे फिरते हैं। कानून का डर राजा और प्रजा में से किसी को नहीं है क्योंकि यौन अपराध की परिभाषा का और उस के लिए किसी दण्ड का कोई कानून ही नहीं बना है। पूरे कामसूत्र में वात्स्यायन को यौन-अपराध के खिलाफ किसी कानून की जानकारी नहीं है। इस के विपरीत, जारकर्म की जितनी जानकारियाँ उस के पास थीं वे सारी की सारी उसने अपनी इस किताब में एक-एक पिरो कर रख दी हैं।

दूसरों की जबान रोकने के लिए कामसूत्र में सलाह दी गई है कि कोई भी बुद्धिमान पुरुष इस बुरे कर्म में प्रवृत्त होने की इच्छा न करे[166]. पर यह खालिस मुँह दिखावे के लिए उपदेश है। उपदेशक अपनी बात कह कर चलता बना पर कामसूत्र में मजिस्ट्रेट कहाँ है जो परस्त्रीगमन के लिए दण्ड देगा? राजकाज चलाने के लिए व्याख्याकार ने विभिन्न स्तर के अनेक अधिकारियों के पदनाम गिनाए हैं पर जारकर्म को मिटाने वाला कोई पदनाम सृजित नहीं किया गया है जो भरा जा सके। जारकर्म के

विरोध में कोई संस्था खड़ी नहीं की गई है जबकि ब्राह्मणों ने वर्ण, जाति और अस्पृश्यता आदि की अनेक संस्थाएँ खड़ी की हैं जो संसार में अन्यत्र नहीं मिलतीं—और मानव-विरोधी हैं। जारकर्म करना नहीं चाहिए, और कर लो तो कोई अपराध नहीं है, तथा व्यभिचार करने से बचना चाहिए और करना चाहो तो इस प्रकार किया करो—यह द्विजशास्त्रों की सीख है। सब कुछ व्यक्ति की मर्जी या नामर्जी पर छोड़ दिया गया है। जारकर्म में कुछ अपराध नहीं है और कोई दण्ड नहीं है। जारकर्म के नुस्खे बताए जा रहे हैं। चोरी सिखाई जा रही है और उस में खतरों से बचने के रास्ते बताए जा रहे हैं। साथ ही, पीछे एक जगह देखा गया है कि वात्स्यायन ने दूसरे की पत्नी को चालाकी खेलने के लिए इस्तेमाल करना चाहा है। उस ने कहा है कि कामेच्छा के वश में हो कर ऐसा नहीं करना चाहिए। लेकिन यहाँ कहने भर से, या उपदेश देने से काम नहीं चलेगा। उपदेश से कोई रुकता नहीं है। उसे रोकने के लिए क्या कानूनी उपाय किए गए हैं? यदि संस्थागत उपाय नहीं किए गए हैं तो अपराध बढ़ता ही रहेगा।

पहेली देखी जा सकती है। जब वात्स्यायन ने एक बार यह लिख दिया कि परस्त्रीगमन नहीं करना चाहिए तो उन का अगला दूसरी बार का काम यह था कि वे मनोवैज्ञानिक और संस्थागत सारी कोशिशें करते कि परस्त्रीगमन न हो सके। यदि कोई काम बुरा है तो उसे रोकने के उपाय ढूंढने चाहिए, न कि उसे ही करने के रास्ते पकड़ लिए जाएँ। यदि व्यभिचार के मार्ग पर चलना है तो व्यभिचार को बुरा क्यों कहा जा रहा है? यह कौन सी रणनीति है? इस में किस का मुँह बन्द किया जा रहा है? शब्दों का पूरा खेल क्या है? पहले वेश्या को बुरी कह कर बाद में वेश्या को शक्तिशाली क्यों बनाया जा रहा है? असल में, वात्स्यायन ने सदाचार और कामाचार के अन्तर को मान्यता दे कर निरे कामाचार को आगे बढ़ाने का फैसला ले रखा है। जब घर में पत्नी को सलाह दी जा रही है कि पराए मर्दों को मत देखा करो तो वेश्या को यह सलाह दी जानी चाहिए कि वेश्यावृत्ति को छोड़ दो—तभी जारकर्म को बुरा कहने का अर्थ निकलेगा।

मैं ढूँढते-ढूँढते थक गया कि कामसूत्र में परस्त्रीगमन के अपराध के लिए दण्ड का विधान कहाँ है। दण्ड की बात बाद में ही आती, इतनी बड़ी किताब में एक भी जगह ऐसा नहीं मिला कि परस्त्रीगतन को अपराध माना गया हो। बस, परस्त्रीगमन में होशियारी बरतने के लिए सुझाव दिए गए हैं। इस पर कोई संस्थागत रोक खड़ी नहीं की गई। लेकिन यदि कोई व्यक्ति परस्त्रीगमन को बुरा कहता है तो इस बुरे कहने का कोई अर्थ नहीं है जब तक कि संस्था खड़ी करके इस की रोकथाम न की जाए। यदि कानूनी और संस्थागत रोकथाम नहीं है तो यह बात कथनी और करनी के अन्तर में शुमार हो कर रह जाती है। चोरी को बुरी कहना लेकिन उसे रोकने के लिए तजवीज न करना और न चोर को दण्ड देना—इस से चोरी रुकेगी नहीं। उल्टे ऐसी कथनी और लिखनी का चोर और जार लोग लाभ उठाते हैं कि चोरी और परस्त्रीगमन को बुरा तो कहा गया है —और

क्या चाहिए। लेकिन हमें इन अपराधों के लिए दण्ड चाहिए। अजीब बात है, कामसूत्र ने इस विषय का कोना-कोना छान मारा है, हर बारीक से बारीक बात का जिक्र है लेकिन यौन-अपराधों की आधी किताब अनलिखी ही रह गई है। द्विजों के कामशास्त्र का आधा भाग कहाँ है जिस में जारकर्म और बलात्कार के लिए दण्ड की व्यवस्था की गई हो? इसीलिए, विश्व स्तर पर कामसूत्र एक अधूरी लिखी गई पुस्तक कही जाएगी। अपराध हो और दण्ड न हो—यह सभ्यता के लिए अनहोनी बात मानी जाएगी। ये शास्त्र लिखने के सलीके नहीं हैं कि आधा ग्रन्थ लिखा ही नहीं जाएगा—और सब कुछ फासिस्ट लोगों के लिए—अर्थात जंगल राज के लिए छोड़ दिया जाएगा।

ज. व्यभिचार को वैधता

देवदत्त शास्त्री कामसूत्र के जारकर्म और व्यभिचार को पूर्ण मान्यता और वैधता प्रदान करते हैं। वे कामसूत्र के रूप में पूरी द्विज संस्कृति का बचाव करते हुए लिखते हैं–"जब किसी देश का शासन कानून द्वारा और वहाँ के आचार्य उपदेशों या धार्मिक व्यवस्था द्वारा समाज के प्रबल वेगों का विरोध कर देते हैं किन्तु निरुद्ध शक्ति का उपयोग किसी सुपथ पर नहीं कर पाते तभी समाज विशृंखल बन जाता है। भारतीय आचार्यों ने समाज की इस नाड़ी को भलीं-भाँति परखा था, प्रकृति की सहज वासनाओं की भीषणता से वे पूर्ण परिचित थे, व्यक्ति या समाज के चित्त में विस्फोट न उत्पन्न हो इसलिए निरुद्ध वासनाओं को निकालने के लिये उन्होंने पथ आविष्कृत कर दिये थे। उन्हें यह अनुभव था कि वासनाओं का निरुद्ध वेग अज्ञातरूप से जब कभी प्रकट होता है तभी व्यक्ति के अहंकार पर चोट कर बैठता है। यही निरुद्ध वेग मृगी, मूर्च्छा, भूत, प्रेत आदि आधियों के रूप में व्यक्ति पर सवार हो जाता है। इसलिए हमारे आचार्यों ने ऐसी आज्ञाएँ दी हैं जो वासनाओं की तृप्ति में खुले रूप से निन्द्य कही जा सकती हैं।"[167]

देवदत्त शास्त्री की उपरोक्त लिखत सब से ज्यादा महत्वपूर्ण है। यह द्विज संस्कृति का कुल सारांश है जो यहाँ लेखबद्ध हो गया है। कथन की विशेषता इसलिए भी है कि 746 पृष्ठों की इस हिन्दी व्याख्या की पुस्तक में यह कथन 742वें पृष्ठ पर आया है। पूछना और जानना यह है कि इन द्विज आचार्यों ने समाज में जारकर्म और वेश्यावृत्ति को फैलाने का रास्ता क्यों अपनाया। समाधान में ये आचार्य जारकर्म और वेश्यावृत्ति के रोकने का रास्ता क्यों नहीं अपना पाए? कानून अपनी जगह सही है कि वह लोगों को विवाह के नियम-पालन के लिए कुछ शर्तें रखेगा और धार्मिक उपदेश अपनी जगह सही हैं कि वे लोगों को सदाचारी जीवन जीने के लिए सलाह देंगे। सवाल यह है कि इस के बाद किसी को दिक्कत होती है तो क्या किया जाए। ऐसी दिक्कत वाले दो तरह के लोग हो सकते हैं–एक वे जो दिक्कतं पैदा करते हैं और दूसरे वे जिन के साथ दिक्कतें पैदा की जाती हैं। जो खुद जारकर्मी है उस के बारे में यह कैसे मान लिया जाए कि वह अच्छा

आदमी है और उस के हितों को ध्यान में रखा जाएगा? दूसरी तरफ, जो जारकर्मी नहीं है उस के हितों का ध्यान क्यों न रखा जाए? द्विज आचार्यों ने सारा ध्यान जारकर्मी के पक्ष में रखा है, सदाचारी के बारे में सोचने का उन के पास समय नहीं है। इस के विपरीत, दलित परम्परा ने क्या किया है? उस ने जारकर्म को रोकने का उपाय किया है। दोनों का फर्क दोनों के विवाह-कानूनों को ले कर समझा जा सकता है। द्विज आचार्यों ने विवाह नहीं तोड़ा और सारे समाज में जारकर्म तथा व्यभिचार फैला दिया, इस के विपरीत, दलित परम्परा ने विवाह की शर्तें टूटने पर तलाक की व्यवस्था दे कर जारकर्म और व्यभिचार पर पाबन्दी लगा दी।

देवदत्त शास्त्री ने मृगी, मूर्च्छा, भूत, प्रेत की बात उठाई है, वह सही है, लेकिन इन आधियों को दूर करने का उपाय गलत है। वे चोरी के जारकर्म और व्यभिचार के द्वारा इन रोगों को मिटाने की बात करते हैं जबकि दलित परम्परा तलाक और पुनर्विवाह द्वारा इन रोगों की जड़मूल मिटा देती है। दलितों के पास द्विजों के जारकर्म का जवाब पुनर्विवाह है। दोनों में से कौन ठीक है? मृगी, मूर्च्छा, भूत और प्रेत का समाधान किस के पास अच्छा है? झूठ और सच में से किसे चुनना है?

बात बालकों की रह जाती है। किस समाज के बच्चे ज्यादा ताकतवर होंगे—व्यभिचार के या पुनर्विवाह के? किस समाज के बच्चे अपने राष्ट्र की रक्षा कर सकेंगे—जारकर्म वाले समाज के या पुनर्विवाह वाले समाज के? दोनों में से किस समाज के बच्चों को पता है कि उन का बाप कौन है? जारकर्म में बाप चोर होता है तथा पुनर्विवाह में बाप सर्दामर्दी का होता है। किस समाज का बच्चा अपने बाप की अंगुली पकड़ कर घुटनों के बल पर चलना सीख रहा है? दो तरह के बच्चों में से सरहद पर कौन-सा बच्चा अपने बाप के लिए लड़ेगा? सभ्यता और असभ्यता को नापने का पैमाना क्या है? देवदत्त शास्त्री ने सुपथ की बात उठाई है तो फिर जहाज बनाओ और अन्तरिक्ष की खोज करो। क्या विज्ञान का सारा संसार सुपथ का रास्ता नहीं है? क्या पहाड़ियों की चोटियों पर चढ़ने और समुद्रों की गहराइयों में उतरने में मनुष्य की सृजनात्मक शक्तियों का उपयोग नहीं हो सकता?

कानून को ले कर हिन्दुओं के बच्चों के बारे में इस से ज्यादा कुछ कहने की जरूरत नहीं है कि जारों के बच्चे जार और वेश्याओं के बच्चे वेश्या होते हैं। सन्तान वैसी पैदा होती है जैसा कानून रास्ता देता है। सन्तान उस रास्ते से रुका करती है जिससे कानून उसे रोका करता है। जब जारकर्म और वेश्या पर रोक नहीं है तो सदाचारी बच्चे क्या आसमान से आ टपकेंगे? आज के कानून में वेश्या पर रोक नहीं है केवल वेश्यावृत्ति पर रोक है। अब कोई कानून की व्याख्या में वेश्यावृत्ति को मानवीय कह कर जायज ठहरा दे तो उस व्याख्या के बारे में क्या कहा जा सकता है?

जब 'कामसूत्र' लिखा जा रहा है तो 'बच्चा सूत्र' भी लिखा जाना चाहिए था। हिन्दू संस्कृति का 'बच्चा सूत्र' कहाँ है? क्या वात्स्यायन ने इस बात पर ध्यान दिया है?

उसे वेश्या की पुत्री याद आती है, कोई बच्ची या बेटी नहीं। यह दुर्भाग्यपूर्ण है। यदि आज उन के किन्हीं पक्षधर को मजबूर किया जाए कि कामसूत्र के बाद अब वे अपनी परम्परा में बच्चा सूत्र भी लिखें तो वे कैसा 'बच्चा सूत्र' लिखेंगे?

हिन्दुओं के बच्चे अपनी शादी अपने आप नहीं कर सकते। अपने आप वे जारकर्म किया करते हैं। शादी के लिए वे अपने माँ-बापों पर निर्भर रहते हैं। यह उनके कामसूत्रीय जीवन का लब्बोलुबाब है। नायक होने के लिए वे इस से ज्यादा कुछ नहीं कर सकते कि विवाहेतर जारकर्म में कन्याओं से, परस्त्रियों से और वेश्याओं से कामरत हो जाएँ। उन की नायकी यहीं तक जोर मारती है क्योंकि वे अपनी जार पत्नी से तलाक नहीं ले सकते। जब तलाक नहीं है तो जारकर्म ही है, मौत ही है, संन्यास ही है। हाँ, इस कथन में देवदत्त शास्त्री जो बात लिखनी भूल गए वह दमन और मौत की बात है। समाज के जिन तबकों की स्त्रियों के साथ जारकर्म हो रहा है, क्या वह उन तबकों का दमन नहीं है? क्या व्यभिचार वर्ग-युद्ध का हिस्सा नहीं है? क्या इसे भारत में जाति-युद्ध और वर्ण-युद्ध नहीं कहा जा सकता? दलित परम्परा ने तलाक और पुनर्विवाह की व्यवस्था दे कर लोगों में मृगी, मूर्च्छा, भूत, प्रेत की व्याधियों का समाधान दिया है, लेकिन द्विज आचार्यों ने तलाक पर रोक लगा कर तथा जारकर्म और व्यभिचार की व्यवस्था दे कर हत्या और आत्महत्या का द्वार भी साथ-साथ खोल दिया है। जारकर्म और व्यभिचार में मृगी, मूर्च्छा, भूत, प्रेत मिट सकते हैं लेकिन हत्या और आत्महत्या को भी निमंत्रण साथ में मिल जाते हैं लेकिन तलाक और पुनर्विवाह में मृगी, मूर्च्छा, भूत और प्रेत बाधाएँ तो दूर होती ही हैं, साथ में, दमन, यौन-शोषण, बलात्कार, हत्या और आत्महत्या की संभावनाएँ भी निर्मूल हो जाती हैं। कहा जाए कि जिस जगह द्विज आचार्य जारकर्म व्यभिचार और चोरी से जीने की व्यवस्था दे रहे हैं, उसी जगह दलित सन्त तलाक पुनर्विवाह और सम्मान से जीने की अक्ल थमा रहे हैं। द्विज आचार्य जो व्यवस्था दे रहे हैं वह व्यभिचारी व्यक्ति के पक्ष में है जबकि दलित सन्त जिस परम्परा को बढ़ा रहे हैं वह सदाचारी व्यक्ति के पक्ष में है। द्विज आचार्य मानव स्वभाव के बारे में यह मान कर चलते हैं कि वह मूलतः बदमाश होता है जबकि दलित सन्तों ने मानव स्वभाव को मूलतः नेकमाश माना है। यह पशु और मनुष्य का अन्तर है जिस की वजह से मानव सभ्यता और मानव संस्कृति का उद्भव और विकास हुआ है।

झ. शास्त्र, धर्म और वेदान्त

देवदत्त शास्त्री ने कामसूत्र की सारी मुसीबत अपने सिर मोल ले ली है। वे लिखते हैं–" 'मातृवत परदाराणि'–कह कर धर्मशास्त्र पराई स्त्रियों को माता के समान समझने की व्यवस्था देता है और कामसूत्र पराई स्त्रियों को फँसाने की तरकीब बताता है।"[168] इस के बाद वे दूसरी बात भी मानने को तैयार नहीं हैं जब लिखते हैं–"यह कहना भी उचित न होगा कि कामशास्त्र विशुद्ध व्यवहार शास्त्र है इस से धर्म का कोई सम्बन्ध नहीं है।"[169] इस के बाद वे जो कुछ भी लिखेंगे झूठ ही लिखेंगे क्योंकि तब वे डा. अम्बेडकर द्वारा बताई गई हिन्दू धर्म की पहेलियों के दायरे में विचरने लगेंगे। तभी वे लिखते हैं–"काम का प्रयोजन जितना लौकिक है उतना पारलौकिक है। किन्तु शास्त्रकार या शास्त्र यथार्थ से कभी आँखें नहीं फेरता है, वह सत् और असत् का विवेचन समान भाव से करता है। कामसूत्र धर्मसूत्र नहीं है किन्तु धर्म और सामाजिक मान्यताओं और सीमाओं का उल्लंघन भी नहीं करता है।"[170] जाने किन बातों को धर्म, सामाजिक मान्यता और सीमा कहा जा रहा है? पराई स्त्रियों को फँसाने की तरकीब को बताने में कौन से धर्म, कौन-सी सामाजिक मान्यताओं और किन पारिवारिक सीमाओं का उल्लंघन नहीं होता? लेकिन देवदत्त शास्त्री एक हिन्दू होने के नाते हार नहीं मानते और पहेली को लम्बी बनाते हुए लिखते हैं–"कामसूत्र एक दर्शन है जो मनोवैज्ञानिक आधार ले कर व्यावहारिक पृष्ठभूमि पर अवतरित हुआ है।....शास्त्र में अच्छी और बुरी सभी बातों का समावेश रहता है किन्तु आचरण उन्हीं का करना चाहए जिस में अपना बहुमुखी कल्याण निहित हो।"[171] देवदत्त शास्त्री आगे वाचाल होने की सीमा तक बिचलने भी लगते हैं। वे लिखते हैं–"कामसूत्रकार की दृष्टि में परदारगमन महान् पाप है, किन्तु वह इस तथ्य को कैसे छिपा सकता है, मानव भी इस प्रवृत्ति को कैसे तिरोहित कर सकता है जो युग-युग से मानव-जाति के इतिहास में चली आ रही है। इसी उद्देश्य से वात्स्यायन ने कामसूत्र में परदार-गमन अधिकरण को स्थान दिया है। उपनिषदों में भी इसी आशय से वामदेव्य की भावना को ही परदार-गमन का प्रयोजन बताया है। आयुर्वेद शास्त्र कामज्वर की चिकित्सा परदार-गमन ही बतलाता है।"[172] अब बताइए, इन से क्या संवाद रखा

जाए? इन की परम्परा निराली है। अब बीच में उन की हिमायत करते हुए उन के उपनिषद भी आ गए। यह यहाँ तक हुआ कि उन का आयुर्वेद कामज्वर की चिकित्सा परदार-गमन को बताता है। भला, इन से कौन जीत लेगा, जिन की भक्ति कामभक्ति है और जिन का इलाज परदारगमन है? यह वैसा ही हुआ कि किसी शराबी आदमी से अपने किसी रोग की दवा के बारे में सलाह ली जाए तो वह शराब पीने को बताएगा। यह बिल्कुल वैसी बात हुई कि कोई गरीब अपनी गरीबी मिटाने का उपाय जानने के लिए किसी पण्डित के पास गया तो पण्डित ने उस से कहा कि जो कुछ तेरे पास थोड़ा-बहुत बचा है उस सब का भी मेरे हक में दान कर दे। हाँ, यदि कोई कामसूत्रकार से चरित्रवान होने का पाठ लेना चाहता है तो कामसूत्रकार उसे परदारगमन की सलाह देता है। यहाँ बांझ का भला इस में बताया गया है कि सपूतियों को निपूतियाँ कर दिया जाए।

देवदत्त शास्त्री ने शोर मचा रखा है कि 'शास्त्रकार शास्त्र की रचना देश-काल की सीमा में बँध कर नहीं किया करता वह सार्वभौम सिद्धान्त रख कर शास्त्र की रचना करता है।''[173] यदि ऐसा है तो वात्स्यायन ने यह क्यों नहीं बताया कि ब्राह्मणों से अलग जातियों में व्यभिचार के आधार पर तलाक और पुनर्विवाह की व्यवस्था थी? उन्होंने वेश्यापुत्रों की समस्या का जिक्र क्यों नहीं किया कि वे अपने पिता को जान से मारने के लिए खोजते फिरते हैं? समाज में बलात्कार होता था, उन्होंने उस के लिए दण्ड का बखान क्यों नहीं किया? कुछ जातीय समाजों में जारकर्मियों को पेड़ से बांध कर जरूर पीटा जाता होगा, एक भी सूत्र में उस का रिकार्ड दर्ज क्यों नहीं है? इसलिए, कामसूत्र सम्पूर्ण भारतीय समाज के इतिहास और भूगोल की सही रिपोर्टिंग नहीं है। इस आख्यान में 30 से 85 प्रतिशत आजीवक जनसंख्या की पहचान मिटाई गई है। यदि कहीं कन्याओं के साथ बलात्कार, पराई स्त्रियों के साथ जारकर्म और वेश्याओं के साथ व्यभिचार हो रहा था तो कोई इन अपराधों के खिलाफ व्यक्तिगत और सामूहिक स्तर पर लड़ भी रहा था। उन महान आजीवकों की उक्तियाँ सूत्र का स्थान क्यों नहीं पा सकीं जो हमेशा से समाज में व्यभिचार के कुकर्म के खिलाफ आवाज उठाते रहे हैं? बौद्ध कहाँ खो गए और जैनी कहाँ रल गए? सच बात यह है कि कामसूत्र एक ब्राह्मण दृष्टि की रचना है जिस में यौन-अपराध को अपराध नहीं माना गया है।

इन के उपनिषद के बारे में क्या कहा जाए? देवदत्त शास्त्री लिखते हैं—''वामदेव्य साम की प्रशंसा करते हुए छान्दोग्य उपनिषद कहती है कि स्त्री को संकेत करना (हिंकार), उस के अनुमोदन पर उसे प्रसन्न करना (प्रस्ताव), उस के साथ सहवास करने के लिए उस की शय्या पर पहुँच जाना (उद्गीथ), लिंग संयोग करना (प्रतिहार), स्पर्श सुख के काल तक पहुँचना (निधन) एवं मैथुन की समाप्ति पर पहुँच जाना पूर्ण निधन है। यह वामदेव्य साम इस प्रकार के मैथुन (सहवास) में स्थित है। जो व्यक्ति इस साम को यथार्थ रूप से जानता है, उस का ऐसा सहवास करना सफल है। वह तेजस्वी होता है। पूरी आयु प्राप्त करता है। ......किसी का परित्याग न करे—यही व्रत है।''[174]

उपनिषदकार जो कहे सो कहे पर अद्वैत वेदान्त के लिए ख्यात इस संन्यासीधर्मी शंकर को क्या हो गया है कि लिखा गया है–" 'किसी का परित्याग न करे' इस श्रुतिवाक्य का भाष्य करते हुए शंकराचार्य ने लिखा है कि 'शय्या पर आई हुई किसी भी कामार्त्त स्त्री को न छोड़ना चाहिए।"[175] और लो, बड़ी बहस की जाती है कि शंकर के अद्वैत दर्शन और रामानुज के विशिष्ट अद्वैत दर्शन में बहुत फर्क है लेकिन यहाँ फर्क की सारी बारीकियाँ एक कोने में दुबक कर बैठ जाती हैं जब लिखा गया है–"रामानुजाचार्य ने भी अपने भाष्य में लिखा है कि–जो पराई स्त्री सहवास के लिए अत्यन्त व्याकुल है, उस स्त्री के साथ सम्भोग करने का वानदेव्य साम की उपासना के अंग रूप में विधान होने से परदारगमन निषिद्ध नहीं है।"[176] तो, जिन शंकर और रामानुज का काम व्यभिचार को रोकने का था वे संन्यासी हो कर भी उसे बढ़ावा दे रहे हैं। दलित चिन्तक को यही बात अपनी तरफ से कहनी है कि कामसूत्र और वेदान्तसूत्र में कोई अन्तर नहीं है जो बात अपनी भाषा में यहाँ द्विज खुद कह रहे हैं। पलंग पोलो के खेल में सारे के सारे वीर्यदाता बने हुए हैं, वे भी, जो अपनी रोटी भीख मांग कर खाते हैं। आगे देवदत्त शास्त्री ने अपने सारे हिन्दू संसार को राममय की तर्ज पर व्यभिचारमय बना दिया है जब गर्व से लिखा है–"इन के अतिरिक्त पुराणों में अहल्या और इन्द्र, कुन्ती और सूर्य की कथाएँ साहित्य में दुष्यन्त और शकुन्तला, मालतीमाधव नाटक में मालती और माधव आदि की अनन्त प्रेमकथाएँ परदारगमन की शृंखला बनी हुई हैं।"[177] अब यहाँ दुख के साथ यही कहा जाना है कि परस्त्रीगमन की द्विजों की यह परम्परा आज के कानून में भी अक्षुण्ण बनी हुई है। डा. अम्बेडकर ने हिन्दू कोड बिल के रूप में इस परम्परा को तोड़ना चाहा था लेकिन तब सारे द्विजों ने आसमान सिर पर उठा लिया था कि व्यभिचार पर पाबन्दी लगने से जाने इन का सर्वस्व लुट जाएगा–हजारों साल का कमाया जारकर्म!–अनेक शास्त्रों के द्वारा अर्जित पूँजी!!–और संन्यासियों के द्वारा अनुमोदित विशेष थाती!!! इन का क्या इलाज है? इन में क्या सुधार सम्भव है? बस, इन से अलग ही हुआ जा सकता है। यही बिना लड़ाई-भिड़ाई का सरल रास्ता है। इन से कौन मगज मारे? बस, इतना बताया जा सकता है कि जिसे भारत के संविधान के अनुच्छेद-44 में Uniform Civil code [178] कहा गया है, उसे कामसूत्र Uniform Civil Adultery Code कहना चाहता है। कामसूत्र में यह Civil Adultery Code केवल ब्राह्मणों तक सीमित था। सन् 1955 से इसे हिन्दू नाम दे कर सारे हिन्दुओं पर लागू कर दिया गया है जिनमें दलित और पिछड़े जबरन शामिल कर लिए गए हैं। अब कोशिश यह है कि इसे भारत के सभी नागरिकों पर लागू कर दिया जाए जिन में मुसलमान और ईसाई भी शामिल हैं। ध्यान रखा जाए, संविधान में बताए गए Uniform Civil Code को द्विज लोग कभी भी Uniform Civil Moral Code नहीं बनने देंगे। ऐसी कोशिश की गई या ऐसा अर्थ निकाला गया तो वे इस संविधान को फूंक देंगे।

जरूरत इस बात की है कि इन के अद्वैत और विशिष्ट अद्वैत के धोखे से निकला जाए। सारा वेदान्त और संन्यास हाथी के दिखाने वाले दांत का मामला है। इन की वास्तविकता कन्यागमन, परदारागमन और वेश्यागमन की है। इन के परमार्थ और व्यवहार ने बिना आपस में सम्बद्ध हुए समाज और परिवार में गजब काट रखे हैं। कथनी और करनी के अन्तर ने नीलकंठ पटवारी बन कर दुनिया लिख-लिख कर मार डाला है। कामसूत्र लिखते, कौन बुरा कहता, यदि उस में भार्यागमन का शास्त्र लिखा जाता? ये शास्त्रकार कन्यागमन, परदारागमन और वेश्यागमन को अधर्म और पाप नहीं कहने दे रहे हैं। पति की हजार प्रशंसाएँ की जातीं, पत्नी की दो हजार प्रशंसाएँ की जातीं—लेकिन उस काम का उलाहना तार कर सारा कामसूत्र व्यभिचार की दलदल में फँस दिया है।

वेदान्त और कामसूत्र पढ़ कर यही निष्कर्ष निकलता है कि द्विज-भारत संन्यास और वेश्या की दो संस्थाओं पर टिका हुआ है। यदि एक तरफ 'अध्यात्म भारत' है तो दूसरी तरफ 'जार भारत' है। 'अध्यात्म भारत' का बहुत प्रचार हो चुका, अब 'जार भारत' का वर्णन भी किया जाना है। असल में, भारत अध्यात्म और जारी से मिल कर ही पूरा होता है। विश्व के विद्वानों को भारत के बारे में अधूरे ज्ञान से सन्तुष्ट नहीं होना चाहिए। साथ ही, शंकर के अद्वैत वेदान्त का वात्स्यायन के कामसूत्र से कोई विरोध नहीं है क्योंकि यह व्यावहारिक सत्ता के क्षेत्र का और किसी पारमार्थिक सत्ता की दखल से दूर का मामला है।

हिन्दी में एक कहावत है कि हाथी के दाँत खाने के और होते हैं और दिखाने के और। हिन्दू धर्म के बारे में यह कहावत पूरी चरितार्थ होती है कि सेक्स को ले कर उस की करनी वात्स्यायन के कामसूत्र की है तथा उस का दिखावा दुनिया को वेदान्त और संन्यास का है। दर्शन और अध्यात्म के अखाड़े में बहस अद्वैत और ब्रह्मचर्य की की जाएगी लेकिन घरों के व्यवहार में वह परस्त्रीगमन में बिगड़ा पड़ा है। औरों का मुँह बन्द करना हो तो यमों और नियमों का आष्टांगिक योग और अपना लंगोट खोलना हो तो वात्स्यायन का कामसूत्र। यह एक ही व्यक्ति है जो वेदान्त सूत्र और कामसूत्र एक साथ पढ़ता है। अपनी स्त्री की बात आती है तो राम बन कर सीता के लिए रावण से युद्ध करता है और पराई औरतों की बात सामने होती है तो कृष्ण के रूप में गोपियों के बीच रासरंग करता है।

देवदत्त शास्त्री कामसूत्र का बचाव करते हुए लिखते हैं—"आचार्य ने (परस्त्री-गमन के लिए) जो कारण बताए हैं, वे समाजशास्त्र की विधाओं और भूमिकाओं के धरातल पर सातत्य कायम रखते हैं। यह शास्त्र का निर्देश है व्यक्ति का नहीं। शास्त्र सार्वभौम, सर्वव्यापक और सर्वजनीन सत्ता और भावना रखता है, एकदेशीय नहीं। इसलिए शास्त्र अच्छा और बुरा सब कुछ कहता है, सब को समझाता है। वह यह स्वयं स्पष्ट कर देता है कि कौन-सी वस्तु ग्राह्य है, कौन-सी अग्राह्य। हमें क्या करना चाहिए क्या न करना चाहिए इस का विवेक हमें स्वयं रखना चाहिए। शास्त्र तो चक्षुवत है। वह केवल प्रकाश

देता है, अब यह हमारा कर्त्तव्य है कि हमें कौन-सी वस्तु देखनी चाहिए और कौन सी वस्तु न देखनी चाहिए।"[179] वे वात्स्यायन को ही उद्धृत करते हैं—"कामसूत्र में जो कुछ लिखा गया है सभी प्रयोग करने योग्य नहीं है। शास्त्र का विषय तो व्यापक होता है किन्तु उस के प्रयोग एकदेशी होते हैं।"[180] यह एकदेशीयता समझी जा सकती है पर कहीं न कहीं तो जारकर्म और व्यभिचार के लिए दण्ड निर्धारित रहा होगा—दण्ड के वे प्रावधान सूत्रबद्ध क्यों नहीं हुए? फिर, इस शास्त्र की ताकत क्या है? यह कैसा शास्त्र है जो जारकर्मियों की राह में रुकावट नहीं बना है? देवदत्तशास्त्री लिखते हैं—"आचार्य वात्स्यायन का कहना है कि वेश्यागामियों के लिए शास्त्र का निषेध दोष नहीं है।"[181] आगे लिखा गया है—"जिस देश के लोगों की यह प्रवृत्ति है उन के लिए दोष नहीं माना जा सकता....।"[182] लिखा ही गया है—"इस विषय पर वात्स्यायन मानव-वृत्तियों और देशाचार को प्राथमिकता देते हुए कहते हैं कि शास्त्र व्यभिचारियों और अनाचारियों के लिए कोई महत्व नहीं रखता है। दुष्कर्मियों को शास्त्र-विरुद्ध आचरण करने का पाप भी नहीं लगता है।"[183] तो, फिर धर्म-कर्म क्या हैं और किनके लिए हैं? ऐसी स्थिति में मजिस्ट्रेट को लाते, वह गायब क्यों कर रखा है? तो, सब कुछ मानव-वृत्ति और देशाचार हो गया है। इन के लिए सुधार और बदलाव की कोई जरूरत नहीं है। पूछा जाए, राज्य को अपराध के लिए दण्ड देने का अधिकार मिलना चाहिए—वह इस कामसूत्र में कहाँ है? उस का जिक्र तक क्यों नहीं है? सच बात यह है कि ब्राह्मणों के इस कामसूत्र में यौन-अपराध अपराधों की कोटि में नहीं आते—वे मानव-वृत्ति और देशाचार के नाम से छिपा लिए जाते हैं। तभी कबीर ने लोक और वेद—दोनों को एक साथ त्यागा था। वृत्ति यदि बुरी और गन्दी है तो बजाय उस को बढ़ावा देने के उस पर रोक लगाई जानी चाहिए। शास्त्र इस मामले में किसी परिणाम तक क्यों नहीं पहुँचता? देवदत्त शास्त्री के ऐसा लिखने से अपराध का बचाव नहीं किया जा सकता—"शास्त्र तो एक निर्देश या सन्दर्भ ग्रन्थ है, उस में अच्छी, बुरी सभी बातों का उल्लेख होने के साथ उन की व्याख्या और उपयोग की व्यवस्था भी रहती है।"[184] कहा जाए कि लोग अध्यात्म के द्वारा खुद को पवित्र किया करते हैं लेकिन द्विज जन उलटे अध्यात्म को गन्दा कर रहे हैं। लोग धर्म के द्वारा प्रेम का प्रसार किया करते हैं लेकिन ये धर्म के द्वारा लोगों के बीच घृणा और छुआछूत फैला रहे हैं। लोग अपने राष्ट्र की रक्षा के लिए प्राण न्यौछावर किया करते हैं लेकिन ब्राह्मण राष्ट्र से बड़ा बन कर अपने हिस्से के राष्ट्र को नष्ट कर रहा है।

ञ. मन्दिर, अध्यात्म और व्यभिचार

वात्स्यायन ने गणिका नहीं, एक पूरी गणिका संस्कृति खड़ी की है। समाज के सारे काम गणिकाएँ ही करेंगी, वे लिखते हैं––"जो उत्तम श्रेणी की गणिकाएँ होती हैं उन्हें चाहिए कि वे अतिशय लाभ प्राप्त करने के लिए देवमन्दिर बनवाएँ, तालाब खुदवाएँ, बाग-बगीचा लगवाएँ, नीची जगहों में लोगों को आने-जाने की सुविधा के लिए पुल बनवाएँ, अपने निवास से बाहर मिट्टी का घर बनवा कर उस में अग्निहोत्र का सब सामान रख कर प्रतिदिन अग्निहोत्र कराएँ। किसी सुपात्र व्यक्ति को माध्यम बना कर उस के द्वारा ब्राह्मणों को हजार गौएँ दान दें, देवताओं के भोग-प्रसाद का प्रबन्ध करें। इत्यादि ऐसे ही लोकोपकारी एवं धार्मिक कार्यों को भली भाँति करने का खर्च बरदाश्त करें तो उन के अतिशय लाभ का उपयोग भी हो जाएगा।"[185] इस सब का क्या मतलब निकलता है? ऐसा लगता है कि राजा मर गए हैं। ब्राह्मणों की हालत देख ही ली गई है कि उन्हें हजार गौएँ दान में लेने से मतलब है। यह उन का टैक्स है जिसे वे गणिका पर भी लगाने से नहीं रुके हैं। समानता से जोड़ा जाए कि डकैत भी अपनी डकैती में सफलता प्राप्त करने के लिए ब्राह्मणों को हजार गाएँ दे कर आगे बढ़े। चोर जब चोरी करने चले तो ब्राह्मणों को उस से भी हजार गाएँ मिलनी चाहिए, तभी उसे चोरी में फायदा हो सकता है। यह क्या है—कौन सी धार्मिकता है? इतना और लिख देते कि सीमाओं पर विदेशियों से गणिकाएँ लड़ेंगी। क्या उम्मीद रखी जाए कि इन विचारों के लोग कभी समाज और राष्ट्र के हित में सुधरेंगे? देश गुलाम न होता तो और क्या होता? ये तो मूल सूत्र हैं, व्याख्याएँ तो कहीं की कहीं जाएंगी। जब मूल सूत्रों का यह हाल है तो व्यवहार में हाल क्या रहा है—इस का ठीक-ठीक अन्दाजा लगाया जा सकता है। बड़े गर्व से इसे ये वेश्याओं का आध्यात्मीकरण कहेंगे। कोई कोर-कसर न छोड़ते हुए देवदत्त शास्त्री ने लिखा ही है—"गणिका वही है जो अपनी आमदनी को आध्यात्मिक, सांस्कृतिक और लोकोपकारी कार्यों में खर्च करे।"[186] तो, यह इन की कमाई है। ठीक है, यह इन के हिस्से का मामला है। हमारे अम्बेडकर, हमारे कबीर और हमारे मक्खलि महान का ऐसी कमाई से कोई लेना-देना नहीं है।

देवदत्त शास्त्री लिखते हैं–''मन्दिरों की दीवारों पर उत्कीर्ण, अश्लील भावों की मूर्तियाँ भौतिक सुख में, भौतिक कुण्ठाओं और घृणास्पद, वीभत्स, अश्लील वातावरण में भी आशायुक्त, आनन्दमय लक्ष्य प्रस्तुत करती हैं।''[187] वे बड़े गौरव से आगे लिखते हैं–''भारतीय कला का यह उद्देश्य समस्त विश्व के कला-आदर्शों, उद्देश्यों एवं कला की व्याख्या और मानदण्ड से भिन्न और मौलिक है।''[188] वे लिखते हैं–''देवमन्दिरों के कमनीय कलाप्रस्तरों में हम एक ओर जीवन की सच्ची व्याख्या और उच्चकोटि की कला का निदर्शन पाते हैं तो दूसरी ओर पुरुष-प्रकृति के मिलन की आध्यात्मिक व्यंजना भी पाते हैं। इन कलाकृतियों में हमारे जीवन की व्याख्या शिवम् है, कला की कमनीय अभिव्यक्ति सुन्दरम् है और रहस्यमय मान्मथ भाव सत्यम् है।''[189] वे अपने शब्दों की पराकाष्ठा प्रस्तुत करते हैं–''इन्हीं भावों को दृष्टिगत रखते हुए वात्स्यायन मैथुन क्रिया, मान्मथ क्रिया या आसन न कह कर उसे 'योग' कहता है।''[190]

यदि रोका न जाए तो किसी भी ऐसे लेखक के मुँह पर लगाम नहीं है। इस दृष्टि के लेखकों की कोई सीमा नहीं है कि ये अश्लीलता और कामुकता के प्रचार और प्रसार में किस हद तक जाएंगे। इन्हें अश्लील भावों की मूर्तियों में धर्म, अध्यात्म और योग की प्राप्ति होने लगती है। इसी में इन का सत्यम्, शिवम् और सुन्दरम् का त्रैत समा जाता है। कहने-कहने का फर्क है। इसे इस प्रकार भी कहा जा सकता है कि जार दृष्टि का सारा संसार जारमय हो जाता है। जारों ने धर्म, अध्यात्म और योग को भी जारमय बना दिया है। इन के लेखन, कला, देवता और मन्दिर–सारे उपादान जारकर्म के हैं। ऐसे समाज को पतन से और ऐसे राष्ट्र को गुलामी से कौन बचा सकता है जिन का ईश्वर भी जार हो गया है? जब आदर्श ही लुट गए तो युद्ध में बचने की संभावना कहाँ बचती है? नुकसान यह हुआ है कि जार दृष्टि ने लौकिक जीवन ही नहीं लूटा बल्कि सुधार की संभावना की, धर्म, अध्यात्म, योग, देवता, ईश्वर और कला की कोंपलें और बालें भी नोच डाली हैं। इन के सारे जगत का 'जारमय होना' हो गया है। अपने साथ इन्होंने धर्म और अध्यात्म को भी बदनाम करवा दिया है। इसे संस्कृति का पूरा बिगड़ना कहा जा सकता है। नैतिकता का ध्यान रखे बिना कामसूत्र की रचना तथा अश्लीलता को रोके बिना मन्दिरों की दीवारों पर खुदी हुई मूर्तियाँ इस संस्कृति के रसातल की परिचायिका हैं। जितनी ज्यादा इस अनैतिकता और अश्लीलता की प्रशंसा की जाएगी उतना ज्यादा परिवार, समाज और राष्ट्र के साथ-साथ खुद मनुष्य कमजोर होता जाएगा।

जार दृष्टि के लेखकों के देवता और मन्दिर खजुराहो के रूप में मिल जाते हैं। हिन्दुओं में चोरों की और डकैतों की स्थिति भी यही है। हिन्दू चोर अपनी देवी को सुमर कर चोरी के लिए निकलता है। हिन्दू डकैत भी अपने मन्दिर की आराधना करके डकैती डालने चलता है। इसलिए आश्चर्य नहीं कि हिन्दू व्यक्ति कृष्ण की पूजा करके अपने काम में आगे बढ़ता है। कामसूत्र में वेश्याएँ मन्दिरों की स्थापनाएँ कर ही रही हैं। तो,

हिन्दू व्यक्ति का धर्म, दर्शन, अध्यात्म, ईश्वर, मन्दिर, कला और देवता वैसे ही हैं जैसा खुद वह व्यक्ति बना है।

देवदत्त शास्त्री नैतिकतावादियों के विरोध में लिखते हैं—"खजुराहो, कोणार्क के मिथुन चित्रों की कटु आलोचनाएँ देशी, विदेशी अधिकांश आलोचकों ने की हैं। डा. वासुदेव शरण अग्रवाल जैसे सुसंस्कृत मनीषी की दृष्टि से भी 'इस प्रकार का प्रदर्शन सामाजिक उर्वरशक्ति के पतन का प्रतीक है।' "[191] लेकिन इस सारी सीख का नतीजा क्या निकलता है? देवदत्त शास्त्री तनिक भी नहीं बदले और लिखते हैं—"कोणार्क, पुरी, खजुराहो आदि के स्थानों के देवालयों में मिथुन-मूर्तियों का अंकन मानव जीवन के लक्ष्य का प्रथम सोपान है। इसीलिए इसे मन्दिर के बहिर्द्वार पर ही प्रतिष्ठित किया जाता है।"[192]

देवदत्त शास्त्री जो तथ्य पेश कर रहे हैं उसे वे यह मान कर पेश कर रहे हैं कि वह उन के पक्ष में है। उन्हें मालूम नहीं कि वही तथ्य उन के विरोध में जाता है। वे लिखते हैं—"कामसूत्र से हमारा देश प्रारम्भ से ही परिचित था, किन्तु इस के अध्ययन-अध्यापन की रुचि उस समय से समाप्त होने लगी, जब हमारे देश में विदेशी आक्रामकों ने राज्यसत्ता कायम कर हमारे साहित्य और हमारी संस्कृति को क्षीण और अस्तव्यस्त करने के प्रयत्न शुरू किए। हमारे साहित्य और संस्कृति के लिए यह सब से बुरा समय ईसवी ग्यारहवीं शती का उत्तरार्द्ध रहा।"[193] यहाँ मेरा कहना यह है कि कामसूत्र में निमग्न समाज विदेशी आक्रमण का सामना कर ही नहीं सकता था। ग्यारहवीं सदी की बात तुर्कों को ले कर कही जा रही है लेकिन गुलामी में यह देश तुर्कों से पहले भी रहता आया है, फर्क यह है कि तुर्क और मुगल एक धर्म पुस्तक कुरान और पर्सनल कानून में तलाक की व्यवस्था वाली शरीयत ले कर आए थे जबकि उन से पहले आने वाले लोग ब्राह्मणों द्वारा क्षत्रिय और बौद्धों द्वारा बौद्ध बना लिए जाते थे। बिल्कुल कहा जाए कि यह खुद वात्स्यायन के कामसूत्र में ताकत होनी चाहिए थी कि वह विदेशी हमलावरों को सीमाओं पर ही वापिस कर देता। यह कामसूत्र की यौन अराजकता की ही कमजोरी है कि आक्रमणकारी देश की सीमाओं के भीतर आए। घर में जारकर्म नहीं रुका तो सीमाओं पर का बलात्कार किस बल पर रुक सकेगा?

एक बात और, कामसूत्र से देवदासी प्रथा की जानकारी नहीं मिलती लेकिन गणिकाएँ मन्दिर निर्माण कर सकती हैं। मन्दिर का निर्माण करके गणिका मन्दिर के बहुत पास पहुँच गई है। लेकिन देवदासी प्रथा और पतिप्रथा में क्या अन्तर और समानता है? अन्तर यह है कि देवदासी प्रथा में स्त्री का मूर्ति से विवाह होता है और पतिप्रथा में स्त्री का पुरुष से विवाह होता है। इन में समानता यह है कि मूर्ति से विवाह होने पर पुजारी और सामन्त वर्ग उन औरतों को भोगता है और पति से विवाह होने पर भी दबंग और शासक वर्ग उन स्त्रियों को भोगता है जो यहाँ कामसूत्र है। यूँ, यदि मनोविज्ञान को ध्यान में रखा जाए तो कहा जा सकता है कि या तो हिन्दू की रूह

तरसती है या हिन्दू जार होता है। पवित्रताओं का जीवन इसे मयस्स्र नहीं। इस का पर्सनल कानून ऐसा ही है। इस ने अपने व्यभिचारी जीवन को बदलने की कभी कोशिश नहीं की। यह बोलता और लिखता-पढ़ता कुछ भी हो, इस का सारा गृहस्थ जीवन वात्स्यायन के कामसूत्र का तथा इस का सारा अध्यात्म खजुराहो के मन्दिरों का है।

विकसित हुई देवदासी प्रथा भी क्या है? यह ब्राह्म-विवाह की चरम परिणति है। दलित जातियों के लिए ब्राह्म-विवाह इतना ही घिनौना और दुखदायी हो सकता था कि सीमातीत रूप अखत्यार कर ले। देवदासी प्रथा में कन्या का विवाह देवमूर्ति से कराया जाता है। ठीक-ठीक समझने के लिए यहाँ देवमूर्ति को केवल मूर्ति कहा जाए और मूर्ति को भी केवल पत्थर कहा जाए। ब्राह्म-विवाह ने हर पति को केवल पत्थर बना कर छोड़ दिया है। उस की पत्नी के साथ कोई भी द्विज जारकर्म करे या बलात्कार करे—वह पति तलाक न लेने की या बलात्कारी से प्रतिकार न लेने की स्थिति में होने के कारण पत्थर ही बना पड़ा है। वर्ण-व्यवस्था में चौथे नम्बर पर गिने जाने के कारण न उस के पास धर्मशास्त्र की शक्ति है, न सैनिक के हथियार हैं और न वैश्य का धन है। वह तीनों तरफ से मारा हुआ व्यक्ति है—वह न तलाक ले सकता है और न बलात्कारी से बदला ले सकता है। चातुर्वर्ण्य व्यवस्था में वह ऐसा ही दीनहीन, कमजोर और पत्थर का पति बनाया गया है। यही देवदासी प्रथा है कि दलित की बेटी ही छीन ली गई है—अब उस की बेटी को हाड़-मांस का पति भी मयस्सर नहीं। देवमूर्ति का पत्थर उस का पति है। कहा जाए कि—एक पति ने अपनी पत्नी अहिल्या को पत्थर की बनाया था लेकिन उस के जवाब में ब्राह्म-विवाह ने हर पति को पत्थर का बना दिया है। ब्राह्म-विवाह में पतियों के लिए पत्थर बन जाने का शाप लगा है। ब्राह्म-विवाह में हर पति पत्थर की शिला बना पड़ा है। अहिल्या को शाप मुक्त करने के लिए दशरथ का बेटा राम आया था लेकिन हर पति को पत्थर होने से मुक्त करने के लिए हिन्दुओं के किसी अबतार ने अभी तक जन्म नहीं लिया है। डा. अम्बेडकर ने हिन्दू कोड बिल के द्वारा कुछ कोशिश की थी लेकिन उन्हें बुरी तरह फेल कर दिया गया।

तो, ब्राह्म-विवाह में पति पत्थर के बनाए गए हैं। देवदासी प्रथा में इसे पूरी तरह मूर्तिमान किया गया है कि कन्या का विवाह पत्थर की देवमूर्ति से कराया जाता है। यह ब्राह्म-विवाह की चरम परिणति है कि पत्थर की मूर्ति से कराया गया विवाह पवित्र और इसीलिए अटूट है। मन्दिर से बाहर समाज में जो विवाह होते हैं उन्हें भी पवित्र संस्कार वाला और अटूट माना गया है। उस में पति को गैर-शिकायती स्वभाव का बनाया गया है। उस की पत्नी का कोई भी उपभोग कर सकता है। 'भग' से 'भोग' का मतलब यही हो गया है चाहे उसे 'भगवा' और 'भगवान' भी क्यों न कहा जाए। और केवल पति को ही नहीं, ब्राह्म विवाह ने पति और पत्नी दोनों को बेजुबान और बेशिकायती पत्थर की शिलाएँ बनाया है। इस ने पति और पत्नी के मुँह पर पट्टियाँ बाँध दी हैं कि मुँह न खोल सकें।

उधर, राम कहानी क्या है? कहानी यह है कि आर्यों की पत्नी को कोई अपने लिए

परस्त्री वाली नायिका अपने न बना ले। उस में नारी का सम्मान कतई नहीं है बल्कि पत्नी को ले कर आर्य-श्रेष्ठता का दम्भ भरा पड़ा है। दूसरों की औरतों के लिए द्विज संस्कृति कामसूत्र ही लिखती है। पत्नी की तरफ से किए जाने वाले पति के प्रति जादू-टोने से वात्स्यायन की सख्त मनाही है। उन का कहना है—"न च मूलकारिका स्यात्"[194]—अर्थात पत्नी अपने पति को जादू-टोने के द्वारा वशीभूत करने की चेष्टा न करे। बड़ी खूबी की बात यह है कि द्विज संस्कृति के सारे शास्त्रकार और लेखक अपनी स्त्री के मामले में राम बने फिरते हैं और दूसरों की स्त्रियों के लिए कृष्ण का वेश धारे रहते हैं। वात्स्यायन इस दुविधा के तनाव से मुक्त नहीं है। यह सोचने की बात है कि रात-बिरात को चोरी से घर-बार छोड़ कर संन्यास साधने में ही उन्हें मोक्ष, निर्वाण या कैवल्य मिलता है। घर-परिवार में उन्हें सदाचार के साथ जीना नहीं आता, न ही उन्हें यह सुलभ होता है। व्यभिचार को पवित्रता और अटूट कहने से सारा माहौल खराब हुआ पड़ा है। उन का अध्यात्म रासलीला में सजता है। लेकिन जारकर्म, जारकर्म ही है चाहे उसे ईश्वर और अध्यात्म के नाम पर किया जाए। आखिर हिन्दू विद्वानों के, बिना परकीया के, अध्यात्म और ईश्वर क्यों नहीं सधते? पत्नी अध्यात्म और ईश्वर के रास्ते में मुश्किल कब बनती है? रासलीला राधा और गोपियों के साथ ही क्यों प्रचलन में है? क्या कृष्ण की किसी और तरह से भक्ति नहीं हो सकती? एक और प्रश्न पूछा जाए कि हिन्दू चिन्तन में परकीया और स्वकीया का भेद क्यों आया। यह पत्नीवादियों के लिए जारवादियों का मौखिक जवाब था। द्विजों के मुकाबले में भारत की दूसरी गैर-द्विज जातियाँ पत्नीवाद में विश्वास रखती हैं। उन से संवाद बनाया गया है कि आप स्वकीया में विश्वास रखो और हमें परकीया का साहित्य लिखने दो। अपने लिए अनैतिकता की सारी सुरक्षाएँ ले कर नैतिकतावादियों का मुँह बन्द किया गया है।

ट. 'मोक्ष' शब्द का अर्थ

कामसूत्र का पहला सूत्र है–धर्मार्थकामेभ्यो नमः–अर्थात 'धर्म अर्थ और काम को नमस्कार है।'[195] कामसूत्र की बाकी स्कीम को ध्यान में रखते हुए कहा जा सकता है कि वात्स्यायन की यह खास शुरूआत है–खास इसलिए क्योंकि इस में 'मोक्ष' शब्द नहीं आया है। इस का विशेष मतलब है कि सूत्रकार ने 'मोक्ष' को नमन नहीं किया है। लेकिन देवदत्त शास्त्री पहले सूत्र का ही अर्थ गड़बड़ा देते हैं जब लेखते हैं–"अर्थ, धर्म और काम को त्रिवर्ग कहा गया है यह त्रिवर्ग ही मोक्ष का साधन है। वात्स्यायन के अर्थशास्त्र, धर्मशास्त्र, कामशास्त्र और संगीतशास्त्र के अध्ययन के अनुरोध का तात्पर्य मोक्ष की प्राप्ति ही समझना चाहिए।"[196] ध्यान रहे, देवदत्त शास्त्री ने यहाँ 'मोक्ष' शब्द का अर्थ इसी रूप में लिखा है कि वह पुनर्जन्म से मुक्ति है। कामसूत्र में इस बात का कहीं पता नहीं चलता कि पुनर्जन्म के सिद्धान्त में विश्वास किया गया है लेकिन इस के हिन्दी व्याख्याकार देवदत्त शास्त्री को इसे उसी से जोड़ने की पड़ी हुई है। वे लिखते हैं–"सभी धर्मशास्त्रों का मूल उद्देश्य कर्मफल में विश्वास, पुनर्जन्म में विश्वास और मुक्ति पर आस्था है।"[197] वे पूरी ताकत से लिखते हैं–"इसमें सन्देह नहीं कि वात्स्यायन के कामसूत्र का प्रयोजन अन्त में मोक्ष प्राप्त करना ही है।"[198] वे एक अन्य स्थल पर लिखते हैं–"कामसूत्र की गवाही से जान पड़ता है कि भारतीय संस्कृति और साहित्य में असुन्दर और विद्रोह का भाव कहीं भी नहीं है। भारतीय नागर पुनर्जन्म और कर्मफल के सिद्धान्तों को स्वीकार कर सांसारिक विधान के साथ सामंजस्य बनाए रखने के लिए प्रत्यनशील रहता है। वह दुःख में भी असन्तुष्ट या चिन्तित नहीं हुआ करता क्योंकि उस की मान्यता है कि मनुष्य अपने कर्मों का फल भोगने के लिए ही जन्म लेता है।"[199]

लेकिन यह एक बार की बात नहीं है बल्कि कामसूत्रकार ने कई बार बिना 'मोक्ष' का नाम लिए 'धर्म, अर्थ और काम' की बात कही है। उदाहरण इस प्रकार हैं :

1. अर्थो धर्मः काम इत्यर्थत्रिवर्ग।[200]

   –अर्थ, धर्म और काम यह अर्थत्रिवर्ग है।[201]

2. रक्षन्धर्मार्थकामानां स्थितिं स्वां लोकवर्तिनीम।
अस्य शास्त्रस्य तत्वज्ञो भवत्येवः जितेन्द्रियः।।[202]

—जो कामसूत्र का तत्वज्ञ है और धर्म, अर्थ और काम की स्थिति एवं अपने लोक-व्यवहार की रक्षा करता है वह निश्चय जितेन्द्रिय होता है।[203]

एक अन्य प्रश्न यह है कि क्या स्त्री के लिए मोक्ष सम्भव नहीं है या वात्स्यायन को स्त्री और पुरुष दोनों में से किसी के लिए भी मोक्ष की जरूरत नहीं है। वात्स्यायन ने अपने से पूर्व के दो श्लोक उद्धृत किए हैं जो इस प्रकार हैं :

1 तद्वृत्तमनुवर्तेत नायकस्य हितैषिणी।
कुलयोषा पुनर्भूर्वा वेश्या वाप्येकचारिणी।।
धर्ममर्थं तथा कामं लभन्ते स्थानमेव च।
निःसपत्नं च भर्तारं नार्यः सद्वृत्तमाश्रिताः।।[204]

इन श्लोकों का हिन्दी में इस प्रकार अर्थ किया गया है—''एकचारिणी पत्नी का कर्त्तव्य है कि वह अपने पति की कल्याण-कामना करती हुई सदाचार का पालन करे। चाहे वह कुलवधू हो या पुनर्भू अथवा वेश्या हो। स्त्रियाँ अपने स्त्री-धर्म पर आरूढ़ रह कर अर्थ, धर्म, काम, स्थान और बिना सौतों का पति प्राप्त करती हैं।''[205] यहाँ केवल धर्म, अर्थ और काम के बारे में कहा गया है, मोक्ष का कोई जिक्र नहीं है। यहाँ 'मोक्ष' शब्द क्यों नहीं आया है?

निश्चित रूप से वात्स्यायन के पास 'मोक्ष' शब्द है लेकिन उस का अर्थ पुनर्जन्म से मुक्ति नहीं है। देखा जा सकता है कि उन्होंने इस शब्द को किस अर्थ में प्रयोग किया है। उदाहरण इस प्रकार हैं :

1. रागवशात्प्रहणनाभ्यासे वारणमोक्षणालमर्थानां शब्दानाम्बार्थानां च सतान्तश्वसितरुदितस्तनितमिश्रीकृतप्रयोगा विरुतानां च। रागावसानकाले जघनपार्श्वयोस्ताडनमित्ययतित्वरया चापरिसमाप्तेः।[206]

   —तीव्र रागवृद्धि होने पर जब पुरुष लगातार जोर जोर से स्त्री पर प्रहार करने लगे तो स्त्री 'अरीरी' 'अरी-मरी' 'ओ मां', 'रहने दो', 'बस करो', 'छोड़ दो' आदि शब्दों का भी उच्चारण हाँफने, सिसियाने के साथ करती रहे।[207]

2. अम्बार्था शब्दा वारणार्था मोक्षणार्थाश्चालमर्थास्ते ते चार्थयोगात्।[208]

   —अरी माँ, ऐसा मत करो, अब रहने दो, बहुत हो चुका, मर गई, दया करो इत्यादि भी दर्द के शब्द होते हैं।[209]

3. तेन सह देशमोक्षं रोचयेद्राजनि निष्क्रयं च।[210]

—मुझे ले कर दूसरे प्रदेश चलो, राज्य शासन को हरजाना दे कर मुझे रख लो या चुपचाप भगा ले चलें—ऐसा नायक से कहना चाहिए।[211]

4. यदा तु मन्येतानुरक्तो मयि न व्यावर्तिष्यत इति तदैवैनमभियुंजानं बालभावमोक्षाय त्वरेत्।[212]

—जब युवती को यह पूर्ण विश्वास हो जाये के नायक मुझ पर भली भांति अनुरक्त है, मुझे किसी भी दशा में छोड़ नहीं सकता, उस समय एकान्त में नायक के प्रयत्न करने पर नायिका अपने कौमार्य को भंग करे।[213]

5. पतनं मात्यभूषणावमोक्षे भूमौ शय्या च।[214]

—जमीन में लेटना, माला उतार कर फेंक देना, जेवर नोच-नोच कर उतारना आदि कलह के कार्य हैं।[215]

6. आगते चादर्शनम्। अयाच्ययाचनम्। अन्ते स्वयं मोक्षश्चेति परिग्रहकस्येति दत्तकस्य।[216]

—उपर्युक्त बातें कह कर नायक को मानसिक चोट पहुँचाने के बाद निम्नांकित उपायों द्वारा उसे निकाल बाहर करे—नायक के आने पर उस से भेंट न करे, न मांगने योग्य वस्तुएँ मांगे और अन्त में स्वयं नौकरों से धक्का दे कर निकलवा दे। यह विषय क्रेम आचार्य दत्तक का कहा हुआ है।[217]

7. परीक्ष्य गम्यैः संयोगः संयुक्तस्यानुरंजनम्।
रक्तादर्थस्य चादानमन्ते मोक्षस्य वैशिकम्।।[218]

—वेश्या अपने मिलने वालों की परीक्षा करके उन से समागम करे। जिससे संयोग हो जाए उसे अपने घर अनुरक्त करे। रंगीन उपायों द्वारा उस का धन खींचे। और अन्त में धता बता कर उसे निकाल दे।[219]

यहाँ मोक्ष किस को मिल रहा है? पहले और दूसरे उदाहरणों में स्त्री को मोक्ष मिल रहा है, तीसरे उदाहरण में 'देशमोक्ष' के रूप में वेश्या को तथा चौथे उदाहरण में कन्या को बालभाव से मोक्ष मिल रहा है। पाँचवें उदाहरण में बताया गया है कि कैसे स्त्रियों को माला आदि भूषणों को उतार कर फेंकने में आसन-पाटी ले कर पड़ जाना चाहिए। छठे और सातवें उदाहरणों में बताया गया है कि वेश्याएँ अपने यारों को धक्का दे कर मोक्ष प्रदान करती हैं। कहना यह है कि इन में से एक भी मोक्ष 'पुनर्जन्म' से मुक्ति देने वाला नहीं है। सब इसी जीवन के मोक्ष हैं और संन्यासियों और वेदान्तियों के बजाय मजे से वेश्याओं को मिल रहे हैं।

कामसूत्र में एक अन्य स्थान पर 'मोक्ष' शब्द और मिलता है। यह इस प्रकार है :

8. स्थाविरे धर्मं मोक्षं च।[220]

—वृद्धावस्था में धर्म और मोक्ष का अनुष्ठान करना चाहिए।[221]

तो, यह कौन-सा मोक्ष है? क्या यह पुनर्जन्म से मुक्ति वाला मोक्ष है? कहा गया है कि वृद्धावस्था में धर्म और मोक्ष का अनुष्ठान करना चाहिए। जो पुनर्जन्म से मुक्ति वाला मोक्ष है, उस का वृद्धावस्था से ताल्लुक नहीं है। कामसूत्र के पास मृत्यु वाला मोक्ष है जो सभी को मिलना होता है। यदि यहाँ मोक्ष का पुनर्जन्म से मुक्ति वाला अर्थ लगाया जाएगा तो फिर इस सूत्र को प्रक्षिप्त मानना पड़ जाएगा जिस में कामसूत्र भी प्रक्षिप्त अंश का होने के विचार से बरी नहीं है।

ऐसा असन्दिग्ध रूप में कैसे कहा जा सकता है कि वात्स्यायन का मोक्ष में विश्वास नहीं है? उत्तर यह है कि वात्स्यायन के पास संन्यास और संन्यासी आदर के रूप में नहीं हैं। उस के पास इस वर्ग के जो स्त्री-पुरुष हैं वे भिक्षुक, भिक्षुकी, प्रव्रजिता, श्रमणा और तापसी हैं। लेकिन इन के साथ वात्स्यायन के सम्बन्ध या सलूक कैसे हैं? उन्हें एक-एक करके जाना जा सकता है :

अ. भिक्षुक

1. बौद्धव्य तु दोषेष्विव। नहि भिक्षुकाः सन्तीति स्थाल्यो नाधिश्रीयन्ते।

—यदि काम से दोष उत्पन्न हों तो अन्न से उत्पन्न होने वाले दोषों की भाँति उन्हें दूर करने का उपाय जानना चाहिए। क्योंकि यह कैसे हो सकता है कि भिखारियों के भय से भोजन न बनाया जाए....।[222]

2. रजक नापित मालाकार गान्धिक सौरिक भिक्षुक गोपालक ताम्बूलिक सौवर्णिक पीठ मर्द विट विदूषकादयो मित्राणि।

—इनके अतिरिक्त कुछ व्यवसायी भी नायक के सहायक मित्र हो सकते हैं—धोबी, नाई, माली, गन्धी, सौरिक (सुरा विक्रेता), भिक्षुक, ग्वाला, तमोली, सुनार पीठमर्द...., विट...., और विदूषक. ... नायक और नायिका के बीच प्रेम सम्बन्ध कराने में मित्र का काम दे सकते हैं।[223]

3. ते त्वारक्षकपुरुषा धर्माधिकरणस्था दैवज्ञा विक्रान्ताः शूराः समानविद्याः कलाग्राहिणः पीठमर्दविटविदूषक मालाकारगान्धिक शौण्डिक रजकनापित भिक्षुकास्ते च ते च कार्ययोगात्।

—वेश्या की रक्षा करने वाला, शासनाधिकारी, वकील, ज्योतिषी साहसी, शूरवीर, वेश्या के समान कलाकुशल, कलागुरु, पीठमर्द, विट, विदूषक, मालाकार, गन्धी, मद्यविक्रेता, धोबो, नाई, भिखारी तथा अन्य ऐसे ही व्यक्ति वेश्या के सहायक बन सकते हैं।[224]

यहाँ पहले उदाहरण में भिक्षुक का अनुवाद भिखारी किया गया है, दूसरे उदाहरण में उसे भिक्षुक ही रहने दिया गया है। तीसरे उदाहरण में उसे फिर भिखारी कहा गया है। लेकिन यह साधारण भिखारी नहीं है। भिक्षुक मात्र भिखारी नहीं है बल्कि उस का राज और समाज पर दबदबा बना हुआ है। वह शहरी बस्ती का अलग से गिनाने लायक एक महत्वपूर्ण अंग है।

ब. भिक्षुकी

1. तैर्भिक्षुक्यः कलाविदग्धा मुण्डा वृषल्यो वृद्धगणिकाश्च व्याख्याताः।[225]

   --विट, विदूषक की भाँति कलानिपुण भिक्षुकी (संन्यासिनी, कुलटा और वृद्ध वेश्या भी) नायक और नायिका के मध्य सन्धि-विग्रहिक बन कर जीवन यापन कर सक्ती हैं।[226]

2. विधवेक्षणिका दासी भिक्षुकी शिल्पकारिका।
   प्रविशत्याशु विश्वासं दूतीकार्यं च विन्दति।।[227]

   —विधवा, सगुन धराने वाली, भिखारिन, नाउन ये जल्दी ही प्रविष्ट हो कर विश्वासपात्र बन जाती हैं, फिर दूती का काम करने लगती हैं।[228]

3. उद्भूतानर्थस्य भीतस्य वा भार्या भिक्षुकी ब्रुयात्....।[229]

   —राजकुल से जिस को कुछ भय हो अथवा जिसका कोई भारी नुकसान होने की संभावना है, उस की पत्नी से भिखारिन जा कर कहे कि....।[238]

4. तेषां कलाग्रहणे गन्धर्वशालायां भिक्षुकी भवने तत्र तत्र च संदर्शनयोगाः।[231]

   —धनियों, राजाओं, आभिजात्य कुल के तरुण जब कला की शिक्षा लेने वेश्या के घर आयें तो उन से मिलने का अवसर तरुणी लड़की को दे और वह लड़की अपने घर में मिलने के बाद गन्धर्वशाला, भिक्षुकी के घर, जहाँ कहीं मौका मिले, उन से भेंट-मुलाकात करती रहे।[232]

5. पूर्वसंसृष्टा वा भिक्षुकी।[233]

   —निम्नलिखित छह प्रकार की आचार्याओं में से कोई एक कन्याओं की आचार्या हो सकती है—

   .....

   (5). कुल, शील, स्वभाव से पूर्व परिचित भिक्षुणी-संन्यासिनी।[234]

ध्यान रहे, कुल छह प्रकार की नायिकाओं में बाकी पाँचों भी वे ही हैं जो पुरुष के साथ संभोग कराने का अनुभव प्राप्त कर चुकी हैं।

यहाँ पहले, दूसरे और तीसरे उदाहरणों में भिक्षुकी दूती बन कर अपनी जीविका चलाने का काम कर सकती है। इस से पता चलता है कि भिक्षुकी कोई भिखारन नहीं है बल्कि वह एक पदनाम को सुशोभित कर रही है जो राजाओं के बड़े मतलब का है। चौथे उदाहरण में 'भिक्षुकी भवन' अलग से बना है और पाँचवें उदाहरण में वह काम कला की आचार्य तक नियुक्त की जा रही है।

स. प्रव्रजिता

1. विधवानाथाप्रव्रजिताभिः सह सूत्राध्यक्षस्य।

   —विधवा, अनाथा और संन्यासिनी स्त्रियों के साथ सूत्राध्यक्ष सहवास कर सकता है।[235]

2. सैव प्रव्रजिता षष्ठीति सुवर्णनाभः।

   —आचार्य सुवर्णनाभ का मत है कि परिव्राजिका विधवा छठे प्रकार की नायिका है।[236]

3. अगम्यास्त्वेवैताः—कुष्ठिन्युन्मत्ता पतिता भिन्नरहस्या प्रकाशप्रार्थिनी गतप्राप्तयौवनातिश्वेतातिकृष्णा दुर्गन्धा सम्बन्धिनी सखी प्रव्रजिता सम्बन्धिसखि श्रोत्रियराजदाराश्च।[237]

   —अब तेरह प्रकार की अगम्या स्त्रियों का उल्लेख करते हैं—सम्भोग न करने योग्य स्त्रियों में हैं—कोढ़िन, पागल, जाति-समाज या धर्म से पतित, रहस्य को न छिपा सकने वाली, निर्लज्ज, ढली हुई उम्र की, अत्यधिक श्वेत रंग की, अत्यधिक काली, जिस के शरीर से दुर्गन्ध निकलती हो, रिश्तेदारिन, सखी (बचपन की या पत्नी की), संन्यासिनी और कुटुम्बियों, मित्रों, वेदपाठी ब्राह्मणों तथा राजघराने की स्त्रियाँ।[238]

यहाँ बताया जा सकता है कि भिक्षुक और भिक्षुकी परिभाषित शब्द हैं। यदि किसी को संशय पैदा हो तो उस का वह संशय 'प्रव्रजिता' शब्द के प्रयोग से दूर हो जाना चाहिए। पहले उदाहरण में प्रव्रजिता के साथ सहवास की बात स्पष्ट रूप से कही गई है और दूसरे उदाहरण में परिव्राजिका को छठे प्रकार की नायिका ही घोषित किया गया है। ध्यान रहे, कामसूत्र के जिक्र में नायिका का मतलब काम-सम्बन्ध से ही है। तीसरे उदाहरण में उसे अगम्याओं की श्रेणी में रखा गया है। अगम्या का मतलब श्रद्धा और विश्वास योग्य नारी नहीं है बल्कि कुछ और ही है।

द. श्रमणा

1. भिक्षुकी श्रमणा क्षपणा कुल्टा कुहकेक्षणिका मूलकारिकाभिर्नसंसृज्येत।[239]
—भिखारिनों, बौद्ध और जैन संन्यासिनियों, नाच-गान-तमाशा दिखाने वाली कुलटाओं, सगुन धराने वाली, व्यभिचारिणी और जादू-टोना करने वाली स्त्रियों से सम्पर्क न रखे।[240]

यहाँ 'श्रमणा' फिर एक पूर्ण परिभाषित शब्द है जो श्रमण परम्परा से जुड़ा हुआ है। लेकिन अन्य शब्दों की पारिभाषिकता को छोड़ कर यहाँ एक ही शब्द 'प्रव्रजिता' के बारे में जानकारी दी जा सकती है कि यह बौद्ध धर्म का शब्द है। इस का मूल संस्कृत आधार प्रव्रज्या है जिसे पालि भाषा में 'पब्बज्जा' कहा गया है। प्रव्रज्या की परिभाषा इस प्रकार है—"संसार को त्याग कर तापस की जीवन शैली को अपनाना। यह बौद्ध भिक्षु बनने से पहले की स्थिति है।"[241] तब भिक्षुक, भिक्षुकी और श्रमणा की परिभाषाएँ और भी ऊँचे अर्थ वाली हैं।

य. तापसी

1. सखीभिक्षुकीक्षपणिकातापसी भवनेषु सुखोपाय इति गोणिकापुत्रः।[242]
—सहेली, सधुवाइन, भिखारिन, संन्यासिनी और तपस्विनी इनके घर में नायक और नायिका का मिलन-जुलना आसानी से हो सकता है—ऐसा गोणिकापुत्र का मत है।[243]

'तापसी' शब्द के प्रयोग में कोई सन्देह की गुंजाइश नहीं है और इस का उपयोग इस रूप में किया जा रहा है कि यहाँ वात्स्यायन के लिए पुनर्जन्म से मुक्ति वाले मोक्ष और संन्यास का दूर-दूर तक अर्थ नहीं लिया जा सकता। यूँ, यदि किसी दूसरे के पास मोक्ष, निर्वाण या कैवल्य के विचार का कुछ भी अंश बचा है तो कामसूत्रकार उसे यहाँ पूरी तरह से नष्ट कर देता है।

कामसूत्र में एक 'और्ध्वदेहिक' शब्द भी आया है। सूत्र इस प्रकार है—"स एव च मे स्यादित्यौर्ध्वदेहिकेषु वचनम्।"[244] इस का हिन्दी में इन शब्दों में अनुवाद किया गया है—"प्रेमी से यह भी कहती रहे कि मरने के बाद भी मुझे तुम पति के रूप में मिलो।"[245] ऐसा कौन कह रही है?—यह वेश्या के द्वारा कहने के लिए वात्स्यायन द्वारा रटाया गया शब्द है। असल में, ये संवाद रटाए जा रहे हैं जिन्हें आजकल अभिनय में डायलाग कहा जाता है। लेकिन, इस में यह मानने का भ्रम न पाला जाए कि वेश्या ऐसा विश्वास करती है। ऐसी कई और दूसरी बातें हैं जो रटाई गई हैं। उन में से एक है—"'सक्तस्य चानुमरणं ब्रूयात्।"[246] हिन्दी व्याख्याकार ने इस का अर्थ लिखा है—"प्रेमी के साथ सती हो जाने की बात कहा करे।"[247] यहाँ भी देवदत्त शास्त्री नया शब्द 'सती'

ले आए हैं जबकि मूल सूत्र में यह 'अनुमरणम्' मात्र है। यूँ ही अर्थ के अनर्थ किए जाते हैं।

खैर, यहाँ 'सती' और 'अनुमरणम्' के अन्तर की बात छोड़ी जाए और 'और्ध्वदिहिक' पर ही आया जाए। कामसूत्र की संस्कृत में 'जयमंगला' टीका लिखने वाले यशोधर ने सीधे 'जन्मान्तरे'[248] शब्द का प्रयोग कर दिया है। क्या कहा जाए, ये ही लेखक हैं और ये ही व्याख्याकार हैं और इन्हीं की भाषा है—इन की मर्जी जो चाहे करें। लेकिन दूसरों को हक मिलना चाहिए कि वे कहें कि सूत्रकार का और उस की वेश्या का मरने के बाद की किसी 'और्ध्वदेहिकता' में विश्वास नहीं है। इस का प्रयोग केवल धोखा देने के लिए और बेवकूफ बनाने के लिए किया जा रहा है। वेश्या किस-किस के साथ अनुमरण करेगी और कितनों के साथ 'और्ध्वदेहिकता' की कामना करेगी? इसलिए एक वेश्या के लिए ही नहीं, वात्स्यायन के हिसाब से हर किसी के लिए यह एक झूठा शब्द है।

कामसूत्रकार दुनियावी व्यक्ति है, यह अच्छी बात है, लेकिन उस ने दुनिया को बिगाड़ कर रख दिया है, यह बुरी बात है। वह किसी परलोक, स्वर्ग-नरक और मोक्ष में विश्वास नहीं रखता लेकिन परिवार, समाज और राष्ट्र को बर्बाद करने का हक उसे किसने दिया है? एक जगह 'इहामुत्र च' शब्द आया है जो प्राचीन श्लोक से माना गया है। वह इस प्रकार है :

> एवमर्थं च कामं च धर्मं चोपाचरन्नरः।
> इहामुत्र च निःशल्यमत्यतं सुखमश्नुते।।[249]
>
> —"इस प्रकार धर्म, अर्थ तथा काम की प्राप्ति के लिए प्रयत्नशील पुरुष इस लोक और परलोक दोनों जगह सुख प्राप्त करता है।"[250]

यहाँ परलोक का वर्णन नहीं किया गया है कि वह कैसा है। यह केवल बात की बात है। साथ ही, कामसूत्रकार लोकायती भी नहीं है। उस ने लोकायत को अपना विरोधी पक्ष माना है। प्रयोग इस प्रकार है—"तथा जैसा कि नास्तिकों का कथन है कि—असंदिग्ध रूप से मिलने वाला ताँबे का कार्षापण सन्देह से प्राप्त होने वाले सोने के कार्षापण से अच्छा है।"[251] इसे यशोधर ने कामसूत्र की अपनी संस्कृत में 'जयमंगला' नाम की टीका में 'द्वितीस्य लोकप्रसिद्धिमाह'[252] कहा है। उन्होंने लोकायत के बारे में 'लौकायतिका इति लौकायतमधीयते ये।'[253] लिखा है। लगता है, यशोधर के समय में 'लोकायत' का शब्द 'लोकप्रसिद्धि' में तब्दील हो गया था। इस दूसरी लोकप्रसिद्धि से पहले वे 'तत्र प्रथमस्य लोकप्रसिद्धि'[254] भी लिख चुके हैं। लेकिन वात्स्यायन को अपने वर्णाश्रम की पड़ी हुई है—"....बुद्धिपूर्वकमिव प्रवृत्तेर्दर्शनाद्वर्णाश्रमाचारस्थिति लक्षणत्वाच....।"[255] यहाँ 'वर्णाश्रम' शब्द का प्रयोग है लेकिन वर्ण और आश्रम की परिभाषाएँ नहीं हैं।

वानप्रस्थ और संन्यास पर कोई चर्चा नहीं है। आश्रम को एक गिंदोड़े की तरह प्रयोग किया गया है कि वह वर्ण के साथ जुड़ा है अन्यथा उस की प्रत्येकता कुछ नहीं है। 'आश्रम' शब्द एक रूढ़ि बन कर आया है। 'वर्ण' शब्द का प्रयोग ब्राह्मणों की सब पर सर्वोपरिता जताने के लिए किया गया है तथा आश्रम में वानप्रस्थ और संन्यास गायब हैं। यह वात्स्यायन की अपनी स्कीम है जो वर्गभेद पर आधारित जारकर्म और व्यभिचार को कानून बना कर नहीं रोकती बल्कि मजिस्ट्रेट को व्यवस्था से गायब कर के इन अपराधों को बढ़ावा देती है। वे शास्त्र लिख रहे हैं और आचार को नष्ट कर रहे हैं—यह कैसा शास्त्र है? सुबह छैल बनता है और रात तक एकाध औरत का सतीत्व नष्ट कर देता है, यह वात्स्यायन के कामसूत्र का महान नायक है। कबीर ने ऐसे पुरुष की भर्त्सना करते हुए उसे खलनायक कहा है :

चोवा चन्दन लाय के, पहिरे बसन बनाय।
गलियारे झांखत फिरे, परत्रिया देख मुसकाय।।[256]

ऐसा कौन करता है? कोई भी जार व्यक्ति ऐसा करता है। लेकिन जार बनने की संभावनाएँ क्या हैं? इस्लाम में कहा गया है कि विवाह को इतना आसान बना दो कि जारकर्म करना मुश्किल हो जाए। इस के विपरीत, द्विजों की चाल रही है कि विवाह को इतना मुश्किल बना दो कि जारकर्म करना एकदम आसान हो जाए। इस के लिए यहाँ कौटिल्य के अर्थशास्त्र से प्रमाण देना ज्यादा मौजूँ रहेगा जो कामसूत्र की मोक्ष वाली समस्या का भी हल कर देता है। वह इस प्रकार है—"अमोक्षो धर्म विवाहानाम्"[257] अर्थात—"...चार प्रकार के धर्म विवाहों में किसी भी दशा में तलाक नहीं हो सकता।"[258] ये चार धर्म विवाह क्रमशः ब्राह्म, प्राजापात्य, आर्ष और दैव के नामों से जाने जाते हैं। इन में स्त्री या पुरुष में से किसी के लिए तलाक की अनुमति नहीं है। शब्द 'अमोक्षो' है और यहाँ विवाह से अमोक्ष या मोक्ष की लौकिक बात ही चल रही है—अर्थात यहाँ भी 'मोक्ष' शब्द का अर्थ संन्यास वाले पुनर्जन्म से मुक्ति का नहीं है। यह शुद्ध लौकिक मोक्ष या अमोक्ष है। अमोक्ष—अर्थात ना-तलाक की यह हिदायत जितनी पुरुष पर लागू है उतनी ही स्त्री पर भी लागू है। पहले पुरुष को ले कर कबीर की साखी उद्धृत की गई है कि वह परतिरिया को झाँखता फिरता है लेकिन स्त्री को ले कर भी कबीर की एक दूसरी साखी उद्धृत की जा सकती है जो जार के साथ सोती है। साखी इस प्रकार है :

नारि कहावै पीव की, रहै और संग सोय।
जार सदा मन में बसै, खसम खुशी क्यों होय।।[259]

संदर्भ

1. कामसूत्रम्, वात्स्यायन, हिन्दी व्याख्याकार, देवदत्त शास्त्री, चौखम्भा संस्कृत संस्थान, पो. बाक्स नं. 1139, के. 37/116, गोपाल मन्दिर लेन, वाराणसी-221 001, सप्तम संस्करण वि. सं. 2060, पृ.-165
2. वही, पृ.-165
3. वही, पृ.-166
4. वही, पृ.-166
5. वही, पृ.-166
6. वही, पृ.-167
7. वही, पृ.-167
8. वही, पृ.-168
9. वही, पृ.-168-69
10. वही, पृ.-169
11. वही, पृ.-169
12. वही, पृ.-169-70
13. तेषु साध्यत्वमनत्ययं गम्यत्वमायतिं वृत्तिं चादित एव परोक्षत। वही, पृ.-511
14. पुरुषस्तु धर्मस्थितिमार्यसमयं चापेक्ष्य कामयमानोऽपि व्यावर्तते। वही, पृ.-514
15. वही, पाद टिप्पणी-1, पृ.-157
16. वही, पाद-टिप्पणी-1, पृ.-157
17. वही, पाद-टिप्पणी-1, पृ.-157
18. वही, पृ.-25
19. वही, पृ.-498
20. वही, पृ.-504
21. वही, पृ.-159
22. वही, पृ.-159
23. वही, पृ.-159-60
24. वही, पृ.-172
25. वही, पृ.-171
26. वही, पृ.-171
27. वही, पृ.-174
28. वही, पृ.-160
29. वही, पृ.-160
30. वही, पृ.-509
31. वही, पृ.-509
32. वही, पृ.-509
33. वही, पृ.-509
34. वही, पृ.-509
35. वही, पृ.-509
36. उर्दू-हिन्दी शब्दकोश, संकलन कर्ता, मुहम्मद मुस्तफा खाँ 'मद्दाह', उत्तर प्रदेश हिन्दी संस्थान, राजर्षि पुरुषोत्तम दास टण्डन हिन्दी भवन, महात्मा गाँधी मार्ग, लखनऊ, सप्तम संस्करण, 1992, पृ.-284
37. कामसूत्रम्, वात्स्यायन, हिन्दी व्याख्याकार, देवदत्त शास्त्री, चौखम्भा संस्कृत संस्थान, पो. बा. नम्बर 1139, के. 37/116, गोपाल मन्दिर लेन, वाराणसी-221 001, सप्तम संस्करण, वि. सं. -2060, आमुख, पृ.-8

38. A Sanskrit—English Dictionary, Monier Monier - William, Motilal Banarsidass, 41, U.A. Bungalow Road, Jawahar Nagar, Delhi-110007, Reprint, 1997, p.-634
39. The Penguin Book of Hindu Names, Maneka Gandhi, Penguin Books India (P) Ltd., 11 Community Centre, Panchsheel Park, New Delhi-110017, India, Edition - 1993, p.-385
40. A Sanskrit–English Dictionary, Monier Monier - William, Motilal Banarsidass, 41, U.A. Bungalow Road, Jawahar Nagar, Delhi-110007, Reprint, 1997, p.-633
41. ibid., p.-633
42. तद्विपरीत उत्तमवर्णासु परपरिगृहीतासु च। प्रतिषिद्धोऽवरवर्णास्वनिरवसितासु। वेश्यासु पुनर्भूषु च न शिष्टो न प्रतिषिद्धः। सुखार्थत्वात्।
कामसूत्रम्, वात्स्यायन, हिन्दी व्याख्याकार, देवदत्त शास्त्री, चौखम्भा संस्कृत संस्थान, पो. बा. नम्बर 1139, के. 37/116, गोपाल मन्दिर लेन, वाराणसी-221001, सप्तम संस्करण वि. सम्वत 2060, पृ.-156-57
43. वही, पृ.-161-2
44. वही, पृ.-162
45. वही, पृ.-162
46. वही, पृ.-162
47. आभिरभ्युच्छ्रिता वेश्या शीलरूपगुणान्विता। लभते गणिकाशब्दं स्थानं च जनसंसदि।। वही, पृ.-96
48. वही, पृ.-80
49. वही, पृ.-163
50. वही, पृ.-163
51. वही, पृ.-163
52. कबीर समग्र : द्वितीय खण्ड, डॉ. युगेश्वर, प्रचारक ग्रन्थावली परियोजना, हिन्दी प्रचारक पब्लिकेशन्स प्रा. लि., C-21/30, पिशाच मोचन, वाराणसी-221 010, प्रथम संस्करण, 1997, पृ.-1421
53. कामसूत्रम्, वात्स्यायन, हिन्दी व्याख्याकार, देवदत्त शास्त्री, चौखम्भा संस्कृत संस्थान, पो. बा. नम्बर 1139, के. 37/116, गोपाल मन्दिर लेन, वाराणसी-221001, सप्तम संस्करण वि. सम्वत 2060, पृ.-614
54. वही, पृ.-614
55. वही, पृ.-616
56. वही, पृ.-681
57. वही, पृ.-172
58. वही, पृ.-171
59. वही, पृ.-472
60. वही, पृ.-474
61. वही, पृ.-493
62. वही, पृ.-493
63. वही, पृ.-493
64. वही, पृ.-506
65. वही, पृ.-65
66. वही, पृ.-65
67. देशप्रवृत्तिसात्म्याद्वा ब्राह्मप्राजापत्यार्षदैवानामन्यतमेन विवाहेन शास्त्रतः परिणयेत् इति वरण विधानम्। वही, पृ.-398
68. कामश्चतुर्षु वर्णेषु सवर्णतः शास्त्रतश्चानन्यपूर्वायां प्रयुज्यमानः पुत्रीयो यशस्यो लौकिकश्च भवति। वही, पृ.-155
69. वही, पृ.-391
70. वही, पृ.-391
71. वही, पृ.-406
72. वही, पृ.-406
73. वही, पृ.-158
74. वही, पृ.-159
75. वही, फुटनोट-1, पृ.-159
76. वही, पृ.-400

77. वही, पृ.-400
78. तत्र नायिकास्तिस्र : कन्या पुनर्भूर्वेश्या च इति, वही, पृ.-159
79. वही, पृ.-159
80. 'दर्शनाद्वर्णाश्रमाचार' वही, पृ.-57
81. वही, पृ.-585
82. वही, पृ.-307
83. वही, पृ.-318
84. वही, पृ.-289
85. वही, पृ.-300
86. सौख्यार्थिनी सा किलान्यं पुनर्विन्देत। वही, पृ.-498
87. वही, पृ.-586
88. वही, पृ.-587
89. वही, पृ.-593
90. वही, पृ.-594
91. वही, पृ.-595
92. वही, पृ.-594
93. वही, पृ.-595
94. वही, पृ.-595
95. वही, पृ.-596
96. वही, पृ.-596
97. वही, पृ.-596
98. वही, पृ.-492
99. वही, पृ.-492
100. वही, पृ.-14
101. वही, पृ.-289
102. वही, पृ.-273
103. वही, पृ.-290
104. वही, पृ.-273
105. वही, पृ.-274
106. वही, पृ.-248
107. वही, पृ.-288
108. वही, पृ.-288
109. वही, पृ.-288
110. वही, पृ.-288
111. वही, पृ.-288
112. वही, पृ.-289
113. वही, पृ.-289
114. वही, पृ.-289
115. वही, पृ.-289
116. वही, पृ.-290
117. वही, पृ.-16
118. वही, पृ.-335
119. वही, पृ.-335
120. वही, पृ.-595
121. वही, पृ.-364
122. वही, पृ.-364
123. वही, पृ.-364
124. वही, पृ.-582
125. वही, पृ.-582
126. वही, पृ.-583
127. वही, पृ.-583
128. वही, पृ.-595
129. वही, पृ.-595
130. वही, पृ.-595
131. वही, पृ.-595
132. वही, पृ.-288
133. वही, पृ.-14
134. वही, पृ.-14
135. वही, पृ.-14
136. वही, पृ.-17
137. वही, पृ.-16
138. वही, पृ.-17
139. वही, पृ.-17
140. वही, पृ.-53
141. वही, पृ.-171
142. नात्यन्तं संस्कृतेनैव नात्यन्तं देश भाषया। कथां गोष्ठीषु कथयंल्लोके बहुमतो भवेत्।। वही, पृ.-152
143. वही, पृ.-86
144. वही, पृ.-279

145. अन्यत्र दृष्टसंचारस्तद्भर्ता यत्र नायकः।
न तत्र योषितं कांचित्सुप्रापामपि लंघयेत्।।
वही, पृ.-536-7

146. शंकितां रक्षितां भीतां सश्वश्रूकां च योषितम्।
न तर्कयेत मेधावी जानन्प्रत्ययमात्मनः।।
वही, पृ.-537

147. वही, पृ.-538

148. वही, पृ.-538

149. वही, पृ.-538

150. वही, पृ.-285

151. वही, पृ.-285

152. वही, पृ.-582

153. वही, पृ.-582

154. वही, पृ.-579

155. वही, पृ.-579-80

156. वही, पृ.-575

157. वही, पृ.-576

158. वही, पृ.-576

159. वही, पृ.-576

160. वही, पृ.-576

161. वही, पृ.-576

162. वही, पृ.-576-7

163. वही, पृ.-577

164. वही, पृ.-577

165. वही, पृ.-578

166. वही, पृ.-598

167. वही, पृ.-742

168. वही, पृ.-524

169. वही, पृ.-524

170. वही, पृ.-524-5

171. वही, पृ.-525

172. वही, पृ.-525

173. वही, पृ.-527

174. वही, पृ.-526-7, छान्दोग्य उपनिषद (2-13-1-2 उद्धृत)

175. वही, पृ.-527

176. प्रार्थयमानामिति प्रार्थयमानसर्वयोषिद्गमनस्य वामदेव्योपासनासंगत्वेन विधानात्,
परदारगमनप्रतिषेधवचनानि तदतिरिक्तविषयाणि द्रष्टव्यानि।
वही, पृ.-527

177. वही, पृ.-527

178. The Constitution of India with Selective Comments by P.M. Bakshi, Universal Law Publishing Co. Pvt. Ltd., C-FF-IA, Ansal's Dilkhush Industrial Estate, G.T. Karnal Road, Delhi - 110 033, Updated Reprint, 2003, p.-89

179. कामसूत्रम्, वात्स्यायन, हिन्दी व्याख्याकार, देवदत्त शास्त्री, चौखम्भा संस्कृत संस्थान, पो. बा. नम्बर 1139, के. 37/116, गोपाल मन्दिर लेन, वाराणसी-221001, सप्तम संस्करण वि. सं. -2060, पृ.-170

180. वही, पृ.-170

181. वही, पृ.-363

182. वही, पृ.-363

183. वही, पृ.-371

184. वही, पृ.-370

185. वही, पृ.-672

186. वही, पृ.-680

187. वही, पृ.-325

188. वही, पृ.-325

189. वही, पृ.-325

190. वही, पृ.-325

191. वही, पृ.-324

192. वही, पृ.-324

193. वही, पृ.-744

194. वही, पृ.-476

195. वही, पृ.-1

196. वही, पृ.-75

197. वही, पृ.-74

198. वही, पृ.-95

199. वही, पृ.-148

200. वही, पृ.-684

201. वही, पृ.-684

202. वही, पृ.-736

203. वही, पृ.-736

204. वही, पृ.-484

205. वही, पृ.-484

206. वही, पृ.-332

207. वही, पृ.-332

208. वही, पृ.-329

209. वही, पृ.-329

210. वही, पृ.-622

211. वही, पृ.-622

212. वही, पृ.-453

213. वही, पृ.-453

214. वही, पृ.-382

215. वही, पृ.-382

216. वही, पृ.-645

217. वही, पृ.-645

218. वही, पृ.-645

219. वही, पृ.-646

220. वही, पृ.-35

221. वही, पृ.-35

222. वही, पृ.-69

223. वही, पृ.-177-78

224. वही, पृ.-602-03

225. वही, पृ.-150

226. वही, पृ.-150

227. वही, पृ.-566

228. वही, पृ.-567

229. वही, पृ.-580

230. वही, पृ.-580

231. वही, पृ.-707

232. वही, पृ.-708

233. वही, पृ.-81

234. वही, पृ.-82

235. वही, पृ.-576

236. वही, पृ.-171

237. वही, पृ.-174

238. वही, पृ.-175

239. वही, पृ.-474

240. वही, पृ.-474

241. "The act of leaving the world and adopting an----ascetic lifestyle. It is the lower.....ordination and the preliminary of the two stages by which one becomes a Buddhist...monk ."
Dictionary of Buddhism, Damien Keown , Oxford University Press, Great Clarendon Street, Oxford OX2 6DP, Ist Edition 2003, p.-222

242. कामसूत्रम्, वात्स्यायन, हिन्दी व्याख्याकार, देवदत्त शास्त्री, चौखम्भा संस्कृत संस्थान, पो. बा. नम्बर 1139, के. 37/116, गोपाल मन्दिर लेन, वाराणसी-221 001, सप्तम संस्करण वि. सं. -2060, पृ.-165

243. वही, पृ.-561

244. वही, पृ.-625

245. वही, पृ.-625

246. वही, पृ.-628

247. वही, पृ.-628

248. वही, पृ.-625

249. वही, पृ.-70

250. वही, पृ.-71

251. वरं सांशयिकान्निष्कादसांशयिक कार्षापणः। इति लौकायातिकाः
वही, पृ.-56

252. वही, पृ.-56

253. वही, पृ.-56

254. वही, पृ.-56

255. वही, पृ.-57

256. कबीरपंथी शब्दावली, स्वामी श्री युगलानन्द विहारी, गंगाविष्णु श्रीकृष्णदास, लक्ष्मी वेंकटेश्वर स्टीम प्रेस, कल्याण मुम्बई, संस्करण 1982, पृ.-869

257. कौटिलीयम् अर्थशास्त्रम्, हिन्दी व्याख्याकार, वाचस्पति गैरोला, चौखम्बा, विद्याभवन, चौक, पो. बा. नं. 69, वाराणसी-221001, तृतीय संस्करण 1984, पृ.-268

258. वही, पृ.-268

259. कबीर समग्र, प्रथम खण्ड, सम्पादक और लेखक प्रो. युगेश्वर, हिन्दी प्रचारक संस्थान, पो. बा. 1106, पिशाच मोचन, वाराणसी-221010, द्वितीय संस्करण, 1995, पृ.-418

अध्याय-2

वीरेन गोहिल की किताब : कामसूत्र से युद्ध

I

वीरेन गोहिल की किताब 'नाम चाहिए एक बाप का' हिन्दी की एक अद्‌भुत किताब है। इतनी जरूरी है कि यदि यह किसी अन्य भाषा में लिखी गई होती तो मैं इसे अनुवाद करवा कर पढ़ता। बिना बताए यह किताब भारत के संविधान के अनुच्छेद 15(3) की सेवा में लिखी गई है। यह अनुच्छेद संविधान के मूल अधिकार वाले भाग में सम्मिलित है और इस की भाषा इस प्रकार है–"इस अनुच्छेद की कोई बात राज्य को स्त्रियों और बालकों के लिए कोई विशेष उपबन्ध करने से निवारित नहीं करेगी।"[1] हाँ, यह हिन्दी में विश्वस्तर की किताब आई है और इस में लेखक ने मेहनत भी उसी स्तर की की है। मराठी में लिखी गई शरण कुमार लिम्बाले की आत्मकथा 'अक्करमाशी' और हिन्दी में लिखी गई वीरेन गोहिल की यह किताब 'नाम चाहिए एक बाप का' दोनों भारतीय संस्कृति और भारतीय अध्यात्म के खोखलेपन को उजागर करती हैं। कहा जा सकता है कि साहित्य की दुनिया में अब अच्छा काम होना शुरू हुआ है। इस से पहले साहित्य के नाम पर ज्यादातर लेखक सच्चाई पर पर्दा डालने का काम कर रहे थे। कन्हैया लाल नन्दन 'नाम चाहिए एक बाप का' नाम की प्रस्तुत पुस्तक का प्राक्कथन लिखते हुए कहते हैं कि वीरेन गोहिल की 'इस सामग्री में ऐसे-ऐसे स्थानों का आँखों देखा विवरण है जहाँ देह का बाकायदा बाजार लगता है। पशुओं की तरह ठोक बजा कर, अंगों को टटोल और मसल कर उनका सौदा किया जाता है।'[2] यूँ, यह पुस्तक 'हाट के देहों की गाथा' है जिसे वीरेन गोहिल अपने शब्दों में 'जिस्मों का बाइस्कोप' कहते हैं।[3]

जब निरी देह की बात होती है तो देहों के बीच में से प्रेम गायब हो जाता है। देह के सौदों में प्रेम कोसों दूर भाग जाता है। इसलिए जो लेखक या लेखिकाएँ देह को आगे

रख कर अपना चिन्तन बढ़ाते या बढ़ातो हैं, उन के लिए प्रेम एक वर्जित शब्द हो जाता है। इस पुस्तक में अब तजुर्बा ले कर और उस में लुट-पिट कर अभिषेक नाम का पात्र कहता है–"अब हमारी कोठे वाली मैडम की हिदायतें याद आती हैं, जो वे समय समय पर कोठे वालियों को देती रहती हैं। कोठों पर दिल का काम नहीं होता, क्योंकि दिल का सौदा नहीं हो सकता। कोठे पर जिस्म बिकते हैं। सिर्फ जिस्मों का सौदा होता है। ग्राहक को जिस्म दो और चलता करो, उस से जुड़ो मत।"[4] लेकिन फिर भी उन के कई बच्चे इस पढ़ाए हुए पाठ को भूल जाते हैं और प्रेम करने की गलती कर बैठते हैं। ऐसा एक पात्र नरेश है। दीपक उस के बारे में बताता है–"मतलब यह कि इसने अपनी मां के अनुभव की सीख नहीं मानी। मां ने कहा था कि देख बेटा हम लोग प्रेम-व्रेम नहीं करते। हमारे लिए वर्जित है प्रेम। हां, हम प्रेम का अभिनय जरूर करते हैं। नाटक करने वालों को भूमिका के हिसाब से भुगतान मिलता है, वैसे ही हमें मिलता है।....नरेश यह बात याद नहीं रख सका। इम्तहान का समय आया तो उत्तर गलत लिख आया। गलत इस मायने में कि जो टीचर ने पढ़ाया था, वह नहीं लिखा। जो उस की समझ में सच था, जो सचमुच का सच था, वह लिख आया।"[5]

वेश्याओं के साथ देह के और प्रेम के आपस में विरोध का एक मजबूत तर्क होता है। यह तर्क उन में से हर किसी के साथ जुड़ा होता है। इस पुस्तक का दीपक नाम का नायक पात्र बताता है–"नरेश की मां को भी प्रेम में धोखा मिला था। उस ने जिस से प्रेम किया और फिर शादी की, उस ने ही उसे धोखा दिया। वह ही उसे यहाँ ला कर बेच गया। तभी से नरेश की मां नरेश को समझाती रही–बेटे, अभिनय करो, प्रेम नहीं। प्रेम में सिर्फ धोखा मिलता है.....।"[6]

इस प्रकार, देह को आगे रखने में प्रेम का केवल फजीता होता है। केवल देह का मतलब नंगापन होता है और वीरेन गोड्हिल का कहना है कि 'नंगापन किसी समाज को आगे नहीं ले जा सकता....।'[7] इसलिए, गृहस्थ जीवन के पैरोकारों को देह के नंगेपन से दूर रहना चाहिए। गृहस्थ जीवन में निरी देह की वकालत किसी भी हाल में शुभ और सही नहीं है। यदि प्रेम को प्राप्त करना है तो समाज में देह को थोड़ी ढक कर रखना चाहिए। गृहस्थ जीवन में देह के इस्तेमाल की मनाही नहीं है लेकिन उस में प्रेम का फजीता करने की जरूरत नहीं है क्योंकि वह रास्ता सीधे वेश्यावृत्ति और भाड़ूपन की ओर जाता है। देह को आगे रखने की नाप का सबसे वीभत्स रूप किस रूप में प्रकट होता है? यह इस के बायो-प्रोडक्ट का रूप है। पुस्तक में दीपक नाम का नायक-पात्र लेखक से कहता है कि '.....हम वेश्याओं की सन्तानें मर्दों के मनोरंजन के बाय प्रॉडक्ट हैं।'[8] स्वयं लेखक ने इन्हें 'मांस के फूल–मानव शरीरों के मिलन की उपज'[9] कहा है। यह दीपक की गवाही है या क्या है कि वह कहता है–"सच पूछें तो हम कोठों की पैदाइश वाली सन्तानें किसी मर्द के मनोरंजन और हवस के स्मारक हैं। ये कोठे और हम

हैं उन स्मारकों के बाय प्रॉडक्ट।"[10] इन के बारे में कन्हैया लाल नन्दन ने इस पुस्तक के प्राक्कथन में सही लिखा है—"वे देह का उत्सव मनाने वाले दो शरीरों का ऐसा उच्छिष्ट हैं जिन्हें अपनी मां का प्यार भले मिलता है, लेकिन बाप को देखना तो दूर, उनकी पहचान तक उन के लिए वर्जित है।"[11]

वेश्यावृत्ति में जिस्म का बायो-प्रोडक्ट ऊपर देख लिया गया है लेकिन गृहस्थ जीवन में जारकर्म का बायो-प्रोडक्ट क्या है और कैसे बनता है? इस का उत्तर सीधा इस बात से मेल खाता है कि ब्राह्म-विवाह में पुनर्विवाह के विकल्प न मिलने पर समाज कितना गन्दा हो जाता है। आश्चर्य और दुख की बात है कि ब्राह्म-विवाह में विवाह की कानूनी अटूटता और फर्जी पवित्रता की परम्परा हजारों साल से बेरोक चली आ रही है। गृहस्थ जीवन में ब्राह्म-विवाह का बायो-प्रोडक्ट देश और समाज के लिए ज्यादा अनैतिक और ज्यादा नुकसानदायक है क्योंकि उस में पूरी कौम कमजोर हो जाती है और राष्ट्र विश्व के बाजार में किसी भी विदेशी ताकत के सामने खड़ा-खड़ा बिक जाता है। तब मनुष्य का और उस के सम्मान का कहीं पता नहीं चलता और गरिमा की कोई पहचान नहीं रह जाती।

II

वेश्याओं के बच्चे अपनी माँ का नाम जानते हैं और इस से उन का काम नहीं चलता। यदि मातृसत्ता इस बात तक सीमित है कि माँ का नाम जानना पर्याप्त है तो वह भूल में है। नारी अब बन्दरिया और बकरी नहीं है। समाज के विकास में नारी की गाय और भैंस से तुलना नहीं की जा सकती। पशु जगत से भिन्न वह उच्च स्तर की मानवी है। उस के मानवी होने में विवाह और पति का अस्तित्व है। मातृसत्ता में माता को पुरुष के मुकाबले में सम्पत्ति आदि के अधिकार दिए जा सकते हैं लेकिन वैसी मातृसत्ता अब बहुत पीछे छूट गई है कि वह अपनी सन्तान से उस के पिता का नाम छुपाएगी। अब संसार में कैसी भी मातृसत्ता के पास यह अधिकार नहीं रह गया है कि बच्चे से उस के पिता का प्यार छीना जाएगा। पितृसत्ता भी अपनी बनती और ठनती में ऐसा नहीं कर सकती कि बच्चे से उस की माँ का नाम छिपाए। यदि पितृसत्ता अपने किसी भी रूप में ऐसा करती है तो घिनौना काम करती है। लेकिन वेश्याओं की सन्तान की स्थिति क्या है? कन्हैयालाल नन्दन ने पुस्तक के प्राक्कथन में लिखा है–"ये वे संतानें हैं जिन की माँ उन्हें ....(उन के) पिता का नाम नहीं बता सकतीं।"[12]

कहा यह जाता है कि स्त्री अपने बच्चे के पिता को जानती है। वह जानती है लेकिन उस की इस जानकारी का यहाँ उस के बच्चे को कोई लाभ नहीं होता। दीपक का कहना है–"....हमारी मां को नाम तो मालूम है, पता भी मालूम है, लेकिन वह बोल नहीं सकती, वह अपने शोषण करने वाले की इज्जत की रक्षा करती है।"[13] यह कहने में कि वह शोषक की इज्जत की रक्षा करती है, पीछे मौत का डर छिपा रहता है। कहना चाहिए कि तब स्त्री ने खुद को पुरुष के मुकाबले में कायर बना रखा है। भय के उस तर्क का विस्तार इस प्रकार है–"...अगर मां नाम भी बता दे और पिता स्वीकार न करें तो कोई क्या कर सकता है? पिता अगर अपनी सन्तान को स्वीकार कर लेते तो समस्या ही न उठती। मर्द पिता तो बनता है, लेकिन जिम्मेदारी से भागता है। और आप जानते हैं कि उस की कीमत हमें चुकानी पड़ती है। गालियाँ सुन कर जीवन भर बोझ ढो कर।"[14]

लेकिन क्या यह बात हमेशा सच होती है कि बच्चे अपने पिता का नाम वास्तव में नहीं जानते? मनीष के साथ ऐसा नहीं है। मनीष ने कहा है कि मैं अपने पिता को जानता हूँ और मैं यह बात अपने पिता को बता चुका हूँ कि मैं उन से बदला लिए बगैर नहीं मरूंगा।[15] वह कहता है—"मेरी माँ ने जब मेरे पिता के बारे में बताने से इनकार कर दिया था तो मैंने उस की गरदन पर चाकू रख दिया था। तभी मेरा छोटा भाई आ गया। उस ने मुझे रोक दिया। बोला—एक तो बाप नहीं है, तू मां को भी मार देगा। तब हमारा कौन रहेगा?....उस ने मुझे कसम दी, इसीलिए मैं यहां आ गया आश्रम में।"[16]

आज हिन्दी की कई हिन्दू लेखिकाओं का विचार है कि उन्हें विवाह की और पति की जरूरत नहीं है। उन का कहना है कि बच्चे को अकेली मां पाल सकती है। यूँ, उन्होंने अपनी कह दी लेकिन इन बच्चों की नहीं सोची। अपनी देह सामने रख दी लेकिन बच्चे के मन की बात नहीं जानी। उन्हें पता होना चाहिए कि अब मानव सभ्यता उस मुकाम पर पहुँची हुई है जहाँ बच्चे को अपने पिता की बेहद जरूरत है। बच्चे की मानसिकता का विकास माँ-बाप के साथ होता है। प्रमाण इस पुस्तक के बच्चे हैं। मनोहर नाम का पात्र मानो ऐसी लेखिकाओं से ही कह रहा हो—"आज भी आदमी की औलाद होने के लिए बाप का नाम जरूरी है और बाप होते हुए भी हम बिना बाप के हैं। लोग कहते हैं नाम में क्या रखा है? लेकिन हम से पूछे कोई कि पूरी जिंदगी बिना बाप के नाम कितनी भयावह है?"[17] दीपक का कहना है—"आदमी के आदमी होने की पहचान है बाप का नाम। बाप के नाम की एक चिप्पी के अभाव में हमारा अस्तित्व ही प्रश्नचिह्नों के घेरों में मुजरिम बना खड़ा रहता है। हम इस घेरे में जन्म लेते हैं और मर जाते हैं।"[18] पूरी किताब में उस की एक ही चाहत है—"हमें बाप का एक नाम दे दो। इंसान होने का सबूत चाहिए हमें।"[19] बच्चे की पीड़ा का अन्दाज नहीं लगाया जा सकता जब वह अपनी मां से कहता है—"अनाथ कहलाने में शर्म नहीं है, लेकिन बिना बाप की औलाद कहलाने में नरक है।"[20] कौन लेखिका इस सवाल का जवाब देना चाहेगी?

आश्रम की छात्रा पिंकी की अभिलाषा क्या है? पिंकी के ही शब्दों में वह इस प्रकार है—"मेरी तो सिर्फ एक ही अभिलाषा है कि मुझे अपने पिता का नाम मिले। वे मुझे प्यार करें। मैं भगवान से हर दिन यही प्रार्थना करती हूँ कि मेरे डैडी मुझे अपना लें। प्यार से मेरे सिर पर अपना हाथ फेरें।"[21]

इन्टरव्यू में राजू नाम का 16 वर्ष का एक बच्चा एक प्रश्न का उत्तर देता है—"जब फिल्म में पिताजी को देखते हैं, तो हमें अपने पिता बहुत याद आते हैं। फिल्म वाले पिता अपने बेटों को बहुत प्यार करते हैं। अच्छे स्कूल में पढ़ने भेजते हैं। कपड़े देते हैं। फिल्म वाले पिता अगर गरीब होते हैं, तब भी वे अपनी सन्तान को प्यार करते हैं। साथ में बैठ कर खाना खाते हैं। मिल-जुल कर काम करते हैं। अगर कोई दुख-तकलीफ होती है, तो उसे भी बांट लेते हैं। भाई आपस में हँसते हैं। खेलते हैं। एक-दूसरे को छेड़ते

हैं। कभी-कभी मारपीट भी होती है। फिर हमको रोना आ जाता है।"[22] जब लेखक ने पूछा कि रोना क्यों आता है तो राजू कहता है–"जब पिता अपने बेटे को प्यार करते हैं, तब भी रोना आता है और जब मारते हैं, तब भी रोना आता है। फिर हम दोस्त आपसं में एक-दूसरे को समझाते हैं, क्योंकि यहाँ तो किसी के पिता नहीं हैं। सब अपनी किस्मत पर भी रोते हैं। हमारी किस्मत में भगवान ने पिता का सुख नहीं लिखा, यह सोच कर चुप हो जाते हैं।"[23] यूँ, इन बच्चों से उन का भरा-पूरा एक संसार छुटा हुआ है। हिन्दी की कुछ लेखिकाओं को पता नहीं है कि पिता के होने से बच्चे को क्या मिलता है। बच्ची रेणुका का चिन्तन है–"अगर हम लोगों के साथ भी पिता होते, तो क्या हमारी यह दुर्गति होती? एक पिता न होने से कितने दुख मिलते हैं। समाज दुत्कारता है, शोषण करता है, ब्लैकमेल करता है और हम लोग विवशता में जीने को भाग्य मान कर रह जाते हैं।"[24]

बताने लायक एक और खास बात यह है कि पिता का कोई विकल्प नहीं हो सकता। पिता का मतलब केवल पिता होता है और अन्य कुछ नहीं। ओमप्रकाश ने नाइन्थ क्लास की परीक्षा फर्स्ट डिविजन में पास की है। उसके 83 प्रतिशत मार्क्स आए हैं। उस का कहना है–"हम कुछ भी अच्छा करें, हमें अपने पिता का आशीर्वाद नहीं मिल सकता। आश्रम के लोग सभी तरह से हमारी देखभाल करते हैं, प्यार देते हैं। लेकिन पिता का स्थान तो नहीं ले सकते।"[25] यूँ, बच्चे के लिए पिता का कोई सब्सिट्यूट नहीं हो सकता। इस की दिल्ली के समाज कल्याण विभाग में विशेष अधिकारी के पद पर पदासीन प्रभा माथुर भी हामी भरती हैं–"पिता तो पिता ही होता है। उस का स्थान तो कोई नहीं ले सकता। इसी कारण उन का स्वाभाविक डेवलेपमेन्ट नहीं हो पाता। कुछ न कुछ किसी न किसी कोने में बैठा हुआ दर्द टीस पैदा करता है।"[26]

III

कहने को यह पुस्तक सभ्य समाज से बहिष्कृत वेश्यापुत्रों की कहानी है लेकिन इस की सारी सूचनाएँ सभ्य समाज के बायोप्रोडक्ट की हैं। इस अचर्चित अछूत समाज की नाल सभ्य समाज से जुड़ी हुई है। इन बच्चों की पहचान उन्हीं लोगों में रली हुई है जो देश और समाज में बड़ी पहचान बने खड़े हैं। बेपहचान के गरीब लोगों को अपने वैवाहिक जीवन में वेश्याओं के पास जाने की जरूरत नहीं होती। यदि इक्का-दुक्का कोई रिक्शा वाला वैली बाजार की तरफ पहुँच गया तो वेश्या उस से गर्भ धारण नहीं करवाएगी। पैसे ले कर उसे पाँच-सात मिनट में कोठे से बाहर कर देगी। बस्तियों के ये कुछ खास लोग होते हैं, छाँट कर जिन के वीर्य को वेश्याएँ अपनी कोख में नौ-दस मास पालती हैं। अनाथ आश्रम में पल रहा तास्बीर नाम का बच्चा अपने पिता के हुलिए के बारे में जानता है—"मां बताया करती है कि मेरे पिताजी बहुत सुन्दर थे। बड़े-बड़े बाल थे उन के। लम्बी नाक थी। गोल-गोल आँखें थीं। लम्बा कद था और भरा हुआ बदन था। पहलवानी भी करते थे। बस, जब भी मैं पिताजी के हुलिए से मिलती-जुलती तस्वीर किसी अखबार में या फिल्म में देख लेता हूँ, तो उन को खूब याद करता हूँ। फिर आइने के सामने खड़ा हो कर अपना चेहरा और पिताजी का चेहरा मिलाता हूँ। आप देख रहे हैं न, साब, मेरी नाक भी लम्बी है।"[27] तो, नृशास्त्र की तरफ से हुआ न पूरा आर्यपुत्र, आर्यश्रेष्ठ, आर्यप्रवर, श्रीब्रह्मा, श्रीविष्णु। मैं अपनी भूल सुधार करता हूँ क्योंकि यहाँ मुझे तास्बीर के कहे गए शब्दों को ही उद्धृत करना चाहिए जो इस प्रकार हैं—"(इस लम्बी नाक की वजह से) मेरे दोस्त मुझे गणेशजी कह कर चिढ़ाते हैं।"[28]

अनवर एक दलाल है। उस की पहचान बताई गई है—"गले में लाल रूमाल। हाथ में कड़ा। आंखों में सुरमा। बालों में बहुत तेल....।"[29] दलालों के बारे में लिखा गया है कि वे 'शराब से कुल्ला करते हैं और गालियों से गला साफ।'[30] जब अनवर को उस के वालिद की याद दिलाई जाती है तो उस के शब्द विस्फोट बन कर इस प्रकार फूटते हैं—"नाम मत लो वालिद का। वह वालिद कहलाने लायक नहीं था। वह...वह तो

अय्याश था। भेड़िया था। मेरी मां को बरबाद करने वाला लुटेरा था। उस ने मेरी मां से शादी की। मुझे पैदा किया और फिर उसे कोठे पर बेच दिया। मैं उस की तलाश में भटक रहा हूँ। मैंने मां से कई बार कहा कि उस के घर का पता बता दे, मैं उस की जिन्दगी का हिसाब कर दूँ। लेकिन मेरी अम्मां जो बचपन में तो मुझे बहादुर बनाने की कहानियां सुनाती थी, लेकिन आज मैं जवान हुआ तो उस ने कुछ नहीं बताया। एक दिन मैंने उस की गरदन पर ही यह छुरा रख दिया था, कम्बख्त फिर भी नहीं बोली। गालियाँ देती है उसे, लेकिन जगह का नाम नहीं बताती।"[31]

नरेश नाम के ऐसे एक पात्र ने मिलट्री के एक कप्तान के घर बच्चों को पढ़ाने का ट्यूशन कर लिया। कप्तान और उन की पत्नी आपस में लड़ा करते थे। नरेश बताता है–"एक दिन मैंने बच्चों से पूछा कि तुम्हारे डैडी-मम्मी लड़ते क्यों हैं, तो रोजी ने कहा था कि 'डैडी कहते हैं कि मैं उन की बेटी नहीं हूँ। मेरे डैडी कोई और हैं। शायद मम्मी के ब्वॉय फ्रेंड।' "[32] नरेश अपनी वेश्या मां और कप्तान की पत्नी की तुलना करते हुए कहता है–"....ये बेचारी माताएं सबेरे भी देर से सो कर उठती हैं हमारी माताओं की तरह। क्योंकि रात को पी गई शराब का हैंगओवर और पार्टी में नाचते समय हुए बदन के दर्द के कारण जल्दी नींद नहीं खुलती।....दोपहर को इन की माताओं को सहेलियों के साथ गपशप करने से फुर्सत नहीं मिलती। रात को शराब और क्लब घर।"[33]

एक जगह वेश्याओं के बजाय धनवान घरों की बात की गई है। मोहन नाम का पात्र कहता है–"एक औरत कितने-कितने मर्दों का इस्तेमाल करती है। बेचारे आफिशियल पति को तो पता ही नहीं होता कि उस के घर में जो सन्तान पैदा हुई है वह है किस की? गोरखा की, चौकीदार की, नौकर की या झाड़ू-पोछा करने वाले की, ड्राइवर की, माली की या किसी दोस्त की? बस, उन में और हम में फर्क इतना है कि उन के पास ऑफिशियल रिकार्ड के लिए पिता का एक नाम है और हमारे पास नहीं है।"[34] इस के बाद एक खास अन्तर बताया गया है–"वे मनोरंजन और रोमांच के लिए ये सब करती हैं और हमारी माताएं मजबूरी में और पेट भरने के लिए।"[35]

ममता उर्फ मारिया तुलना करके बताती है कि अपनी चाची के घर में रहने के बजाय वह कोठे पर खुश है। उस की कहानी इस प्रकार है– ' पटना में रहती थी। मां-बाप मर गए। चाचा-चाची के पास रही। पिता की जायदाद को उन्होंने हड़प लिया और मुझे घर से बाहर कर दिया। आप को सच बताऊँ, मुझे चाची ने जितना दुख दिया है, उतना दुख मुझे इस कोठे पर भी नहीं मिला।"[36] आगे वह घर और कोठे का अन्तर समाप्त करती हुई अपनी चाची का सारा सतवन्तापन खोल कर रख देती है–"मेरी चाची ने मेरे एक और चाचा के बेटे को बिगाड़ा। उस की जवानी को लूटा। उस के साथ सोती थी वह। अब बताओ उस घर में और इस कोठे में कोई अन्तर है?"[37] ममता कबीर की तरह आंखन देखी साखी बोलती है–"मेरी चाची मेरे भाई को सीढ़ियों पर

पकड़ लेती थी। मैंने अपनी आंखों से देखा।''[38] ब्राह्म-विवाह को अटूट और पवित्र मानने वाले सारे हिन्दुओं को इस ममता नाम की बच्ची की चाची की कहानी को गौर से सुनना चाहिए।

ब्रोक्रन फैमिली का 15 साल की उम्र का किशोर नाम का बालक कहता है—''मेरे पिताजी ने दो शादियां की थीं। एक मेरी मां से और दूसरी बड़ी मां से। बड़ी मां बहुत लड़ाकू थी। पिताजी को भी मारती थी। उन को जमीन पर पटक कर उन की छाती पर बैठ जाती थी। पिताजी जितना रुपया कमाते थे, वह सब ले लेती थी। पिताजी मेरी मां के पास आ कर रोते थे। वहीं खाना खाते थे। लेकिन वह उस के साथ रह नहीं सकते थे। इसीलिए मुझे तो मेरी मां ने ही पाला है।''[39] यहाँ यह जान कर बिदक नहीं जाना चाहिए कि इस बच्चे के पिता ने दो शादियाँ की थीं। पहली पत्नी को छोड़ कर दूसरी पत्नी से शादी की होती तो इस में कुछ भी बुरा नहीं था। लेकिन ब्राह्म-विवाह में तलाक लेने की मनाही है। इसी कारण द्विज समाज में ये मुश्किलें पैदा होती हैं। पहली पत्नी से चाहे वह कितनी भी व्यभिचारिणी और क्रूर हो, हिन्दू कानून तलाक नहीं लेने देगा। हिन्दुओं में घर नहीं, घर का केवल फजीता होता है—और बच्चे ऐसे पैदा होते हैं जैसे नियति का मारा हमारा यह बेचारा किशोर है।

बंगाल की बेटी सोन मछरी के साथ क्या हुआ? असल में उस की मां के साथ क्या हुआ?,—नहीं नहीं,—उस के बाप के साथ क्या हुआ? उस की मां वेश्या कैसे बनी? वह अपनी मां को क्यों नहीं छोड़ सकती? वह कहती है—''नहीं, मैं मां को नहीं छोड़ सकती। उसे जो धोखा मिला है वह डरावना है। उसे नींद का इंजेक्शन दिया गया। उस के साथ बलात्कार किया गया। कई कई बार। फिर उस के फोटों खींच लिए गए। फिल्म बनाई गई। उसे मजबूर किया गया। वे लोग पिता के रिश्तेदार थे। पिता से बदला लेना चाहते थे। पिता चल बसे। मां से बदला ले लिया।''[40]

इस पुस्तक में फार्म हाउस कल्चर की भी सही खैर-खबर ली गई है। उर्वशी तुलना करके बताती है—''कोठे गरीबों के लिए रह गए हैं और फार्म हाउस अमीरों के हो गए हैं। हम दुकान पर बैठे हैं, परचून की दुकान पर और वे शो केशों में सजी हुई हैं। उन की सप्लाई गोडाउन से ही हो जाती है। वह माल बाजार में नहीं आ पाता। इसलिए कम लोगों को पता है।''[41]

यदि अच्छे हुए तो आज के चिन्तक इसी बात की चर्चा करते हैं कि समाज में वेश्यावृत्ति है लेकिन बुराई की व्यापकता और गहराई जानने के लिए मात्र 'वेश्यावृत्ति' का शब्द पर्याप्त नहीं है। समस्या को पूरी तरह समझने के लिए वेश्यावृत्ति के दो भाग करने पड़ेंगे—वेश्यावृत्ति और 'मेल प्रोस्टिट्यूट'। दीपक का कहना है—''जिस तरह मनचले लड़कों को लड़कियाँ चाहिए, उसी तरह मनचली लड़कियों और बड़े मालदार घरों की अल्ट्रा माडर्न औरतों को लड़के चाहिए। किसी को सहेलियाँ तो किसी को

सखा।.....जिस तरह लड़कों को नयी नवेली लड़कियाँ, सेठों और एक्जीक्यूटिव्स के लिए जींस पहनने वाली बाल कटी हुई, अंग्रेजी बोलने वाली लड़कियाँ चाहिए, वैसे ही चेंज के लिए मोटी, थुलथुल भारी भरकम, चेहरे पर कई कई ग्राम मेकअप चढाए हुए औरतों के लिए लड़के चाहिए।''[42] इस पुस्तक में इस शब्द के पर्यायवाची शब्द इस प्रकार दिए गए हैं—'मेल प्रास्टीट्यूट यानी कॉल ब्वॉय, प्ले ब्वॉय'[43] अर्थात 'पेड ब्वॉय फ्रेंड'[44]। अभिषेक ने अपनी कहानी बताते हुए कहा है—''....मेम साब ने तो पहले ही दिन कह दिया था कि तुम मेरे नौकर, मेरे ड्राइवर, मेरी रखैल।' ''[45]

रेणुका वेश्यावृत्ति कर के अपने भाई सुनील को दसवीं कक्षा में पढ़ा रही थी। सुनील एक घर में काम करता था। वह बीमार हो गया, इलाज के बाद भी वह ठीक नहीं हो रहा था और कारण का पता नहीं चल रहा था। रेणुका के भूख हड़ताल करने पर 'बड़ी कठिनाई से सुनील ने बताया कि जिस घर में वह काम करता है, वहां की सेठानी के कारण उस का यह हाल हुआ है। सेठानी उस से हँस कर बात करती थी। पगार से ज्यादा हमेशा रुपया भी देती थी। शुरू-शुरू में सुनील को बाथरूम में बुला कर कहती थी कि उस की पीठ में मैल लगा है, उसे निकाल दे। सुनील मैल निकाल दिया करता था। फिर वह सेठानी बोलती कि हाथ-पैरों में मालिश कर दे। सुनील हाथ-पैरों में मालिश कर देता। धीरे धीरे सेठानी ने उसे पकड़ना शुरू कर दिया। उस के साथ वही काम करती जो पुरुष लोग हमारे साथ करते हैं। दोनों की उम्र में कितना अन्तर। सुनील बीमार रहने लगा। सूख कर कांटा हो गया।'[46]

यहाँ कहा जा सकता है कि यह सब भी इसी समाज की देन है जिसे सभ्य और वैवाहिक कहा जाता है।

IV

इस पुस्तक की जानकारी में हिन्दू संस्कृति के उपनिषदों और पौराणिक पात्रों के सन्दर्भों का अकाल नहीं है। बाकायदा सत्यकाम, कर्ण, धृतराष्ट्र, पांडु, विदुर, युधिष्ठिर, अर्जुन, भीम, नकुल, सहदेव[47] के नाम लिए गए हैं कि उन के बाप के मामले क्या हैं। संस्कृत के महाकवि कालिदास द्वारा लिखी गई कथा को नकारती हुई बंगाल की सोनमछरी का कहना है–"....मैं शकुन्तला नहीं हूं जो महाराज के विस्मरण का शाप भोगूं। अगर आज के समय में शाप भोगना है, तो महाराज भोगें, शकुन्तला नहीं भोगेगी।"[48]

दलित जातियों की बेटियों को उन से छीन कर मन्दिर की मूर्तियों से उन के फर्जी विवाह रचाने के रूप में भारत में हजारों साल से एक मनुष्य-विरोधी संस्कृति ने जन्म ले रखा है। इसे देवदासी प्रथा कहा जाता है। यदि यह धार्मिक प्रथा है तो इस संस्कृति की लौकिक बुराई किस स्तर की चीज होगी? सारे नियम-धर्मों को ताक पर रख कर नियम-धर्म का ढोल पीटने की गाल-बजाई कर रखी है। उर्वशी ने सही सवाल पूछा है–"....मन्दिरों में देवदासियों और जोगिनों का काम क्या है? क्यों की गई इस परम्परा की शुरूआत? किस मूर्ति के साथ होता है इन का विवाह? क्या मूर्ति उन के साथ दैहिक सम्बन्ध स्थापित करती है? क्या मूर्ति उन्हें गर्भवती करती है? क्या उन के बच्चों को पिता की जगह उस मूर्ति का नाम मिलता है? क्या यही है धर्म? क्या यही है समाज और उस के नियम? मर्द प्रधान समाज ने एक व्यवस्था बनाई अपने मनोरंजन के लिए। आड़ के लिए मूर्ति और मन्दिर को जोड़ लिया। मनोवैज्ञानिक दबाव बनाया उन लोगों के बीच जिन की देह उन्हें चाहिए थी। प्रभावशाली लोगों ने ईश्वर की इच्छा के नाम पर नारी की देह पर हल चलाए।"[49] कहा गया कि देवदासी बनने से इन्द्रलोक के दरवाजों की कुंजी मिलती है और अगले जन्म में रानी बनती है। लेकिन यहाँ उर्वशी पुनः पूछती है–"अगर यह सच है, तो फिर पिछड़ी जाति, गरीब परिवार और बेसहारा औरतों को ही यह सुख क्यों मिले? स्वर्ग जाने के लिए बड़े घर की बहू-बेटियाँ क्यों नहीं तैयार हैं? जमींदार, पुजारी, राजा, धनवान क्यों नहीं अपनी बेटियों को देवदासी बनाते हैं? समाज के उपेक्षित वर्गों तक ही यह प्रथा सीमित क्यों है?"[50]

इस पुस्तक में देवदासी प्रथा को ठीक उजागर किया गया है कि यह अनाचार और धार्मिक झूठ-तूफान की प्रथा है। इसे जारकर्म और बलात्कार के अपराध से जोड़ा जाना चाहिए। लेकिन जो तुलना इस पुस्तक में छूट गई है वह बौद्धों के सिद्ध साहित्य और बाद में सगुण भक्ति के राधा साहित्य की है। राधा साहित्य देवदासी प्रथा के मन्दिरीकरण का लौकिकीकरण है। देवदासी प्रथा के बाद भी दलित-पिछड़ी जातियों की कुछ और नारियाँ बच रही थीं जिन का गलत इस्तेमाल किया जाना था। वे विवाहित और अविवाहित ग्वालन, चमारी, मालन, धोबन, कुम्हारी आदि थीं। उन के साथ जंगलों में रासलीलाएँ करने का तथा साहित्य को गन्दा और अश्लील करने का नाजायज तरीका निकाला गया। उन में भी राजपूतों की, जमींदारों की और सामन्तों की बहू-बेटियाँ नहीं थी। वास्तव में, यह राधा-साहित्य सिद्धों की चांडाल-कन्या-साहित्य की ही निरन्तरता है। यूँ, यह एक ही चीज है, चाहे उसे दक्षिण भारत में देवदासी प्रथा कहा जाए, या पूर्वी भारत में सिद्ध साहित्य कहा जाए या उत्तर भारत में राधा साहित्य कहा जाए। अपराध एक है, बस, नाम अलग-अलग हैं। व्यभिचार का अजगर एक ही है चाहे उस की पूंछ दीखे, चाहे बीच, या सीधे मुँह ही हाथ में आ जाए।

एक दलाल से मिलने के बाद लेखक ने लिखा है—"....समझ में नहीं आ रहा था कि यह तस्वीर किसकी है? हम जिस समाज में रह रहे हैं, उस के कितने कोण हैं? अनभिज्ञता की भी कोई सीमा होती है? प्रश्न दर प्रश्न। उत्तर नदारद।"[51] पुस्तक के अन्त में लेखक ने अपनी बात लिखी है—"ये तन की दुकानें और इनके बायप्रोडॅक्टस सचमुच में मानव स्वभाव की प्रयोगशालाएँ हैं।"[52] उन्होंने अपनी इस पुस्तक के बिल्कुल अन्त में पूछा है—"किस समाज की है यह तस्वीर?"[53] लेकिन उन के इस प्रश्न का उत्तर भी बहुत साफ दिया जा सकता है। उत्तर यह है कि यह ब्राह्म-विवाह वाले समाज की तस्वीर है। बिना तलाक के विकल्प के इस ब्राह्म-विवाह की वजह से कौटिल्य ने अपने अर्थशास्त्र में 'गणिकाध्यक्षः' शीर्षक से एक अध्याय ही अलग से लिखा है। उस में 'गणिकापुत्रस्य'[54] (वेश्यापुत्र), 'गणिकापुत्रान्'[55] (वेश्यापुत्रों) और मातृकादुहितृकारूपदासीनां (खाला, वेश्यापुत्री और वेश्या) के शब्द आते हैं। स्पष्ट है, उन वेश्यापुत्रों और वेश्यापुत्रियों को उन के पिता के नामों से नहीं जाना गया है। यह ब्राह्म-विवाह की एक ही बुराई है जो वेश्यावृत्ति, देवदासी प्रथा, सिद्धों के अवधूती-साहित्य और कृष्ण भक्ति के राधा साहित्य में उजागर होती है। इस के सिवा यह जारकर्म और बलात्कार बन कर घरों में भी अवैध सन्तान पैदा करने में लगी हुई है।

V

कबीर की परम्परा में इस पुस्तक में जो कुछ नए सम्वितशास्त्र की दृष्टि से हुआ है उस में लोगों के मुखौटे उतार फेंके गए हैं। कहना चाहिए, इस तरीके से पूरा समाज ही नंगा हो गया है। उर्वशी बताने पर आती है तो उस संस्कृति की बखिया उधेड़ कर रख देती है जिस ने उसे ऐसा जन्म दिया है–''कितने चेहरे हैं लोगों के। बाजार में मिलने वाले मुखौटे तो कुछ भी नहीं हैं। असल में, मुखौटे बनाने वालों को चर्चित मुखौटों के बारे में ही पता है। वे इन मुखौटों से अभी परिचित नहीं हो पाए हैं।''[57] दीपक का भी कहना है कि यह सारा व्यापार मुखौटा का व्यापार है–''हमारी कीमत हमारा मुखौटा ही तो है। जिस दिन मुखौटा उतर जाएगा, उस दिन हमारी दुकानें बन्द हो जाएंगी।''[58] लेकिन सम्वितशास्त्र की आत्यन्तिक सच्चाई से मुकरा नहीं जा सकता। दिल्ली के समाज कल्याण विभाग में विशेष अधिकारी के पद पर नियुक्त प्रभा माथुर ने माना है कि 'मुखौटे सच का स्थान कभी नहीं ले सकते।'[59]

ये बच्चे देर तक गूंगे बने रहते हैं। ये चुप रहते हैं क्योंकि बोलने से कुछ लाभ नहीं है। इन के बारे में 'बालक निरीक्षण गृह' के अधिकारी कहते हैं–''झूठ तो यहाँ के बच्चे बोलना नहीं चाहेंगे और अपने संगी-साथियों के सामने सच भी नहीं कहना चाहेंगे...।''[60] उन से कोई बात पूछने पर उन की मर्यादा का ध्यान रखा ही जाना चाहिए। दीपक ने लेखक से शुरू में ही कह दिया था–''सर, मुझसे झूठ नहीं बोला जाएगा और सच बताने से मुझे बहुत हानि होगी।''[61] वीरेन गोहिल की भी सच्ची अभिव्यक्ति है–''मैंने वही देखा जो दिखाया गया। मैंने वही सुना जो सुनाया गया। मैं उन्हीं से मिला जिन से मिलवाया गया।''[62] हर इन्टरव्यू सुनियोजित होने पर भी वे अपने पात्रों के बारे में अन्दाज लगाते हैं–''....उन का आरम्भ लिखे हुए पाठ की तरह होता था और मध्य तथा अन्त सहज अभिव्यक्ति वाला।''[63]

'नाम चाहिए एक बाप का' नामक पुस्तक से दर्शनशास्त्र में एक नया सम्वितशास्त्र खड़ा होता है। यह वही सम्वितशास्त्र है जिसे कबीर ने आंखन देखी कहा था। तर्क की

इस रीति में हेत्वाभासों की जरूरत और गुंजाइश नहीं रहती। इस में सत्य को चुग-चुग कर लाया जाता है। बकवास और बड़बोलापन खत्म हो जाता है। अन्तरात्मा का नाम ले कर कुछ छुपाया नहीं जा सकता। जब लेखक ने नरेश के जीवन के व्यक्तिगत मामले की बात कह कर संवाद को रोकना चाहा तो दीपक ने उन की बात काट कर कहा—"....जहाँ तक नरेश या किसी और के जीवन या घटना का सवाल है, तो यहाँ निजी या व्यक्तिगत या प्राइवेट जैसी कोई चीज नहीं है। क्योंकि जब हमारे सामने हमारी मां की हर चीज स्पष्ट है, तब छुपाने के लिए उस से बढ़ कर और क्या हो सकता है।"[64]

इन में से एक तथाकथित रूप से बिगड़े हुए युवक का परिचय इस प्रकार दिया गया है—"....इस ने एम. ए. पास कर लिया। पढ़ाई-लिखाई के दौरान इस ने वर्जित फल चख लिया। दर्शनशास्त्र की पोथियाँ पढ़ गया। इसे कई रहस्य पता लग गए। इस की बीमारी जानते हैं आप? यह सच बोलता है, सच भी ऐसा जो समाज को सदियों से कुपच कर रहा है। यह लिखित में हर जगह पास हो जाता है, लेकिन जहां भी इन्टरव्यू देने जाता है, वहीं फेल। जानते हैं क्यों? जब इससे वहाँ पूछा जाता है कि तुम्हारे पिता क्या काम करते हैं, तुम्हारे घर क्या काम होता है? तो कह देता है—मेरी मां वेश्या है। असली पिता का नाम मुझे नहीं मालूम। इन्टरव्यू करने वाले इसे सच बोलने की सजा देते हैं और नौकरी पर नहीं रखते। हम इसे समझाते हैं कि 'सत्यमेव जयते' केवल कागज पर अच्छा लगता है, व्यवहार में नहीं। यही हमारी भारतीयता है। हम लिखते कुछ हैं, कहते कुछ हैं और करते कुछ हैं। यही चाणक्य नीति है, यही शुक्रनीति है और यही जीवन रक्षक घोल है।"[65] हाँ, धर्म-वर्म के बजाय इसे ही बहुचर्चित 'जीवन शैली' कहा जाता है।

उर्वशी नाम की छात्रा सधे हुए शब्दों में व्याख्या के बजाय मूत जीवन पर आती है। वह कहती है—"....हम दर्शनशास्त्र के सिद्धांतों का वही मतलब समझते हैं जो हमें टीकाकार समझाते हैं। मतलब यह भी हुआ कि हमारा वास्ता मूल से कम और व्याख्या से अधिक होता है।....इसलिए मैं अपनी टीका खुद करना चाहती हूँ।"[66] ये अपने जीवन की 'खुद डिक्शनरी भी'[67] हैं। यूँ, इस पुस्तक के पात्र कागद की लेखी का उच्चारण नहीं कर रहे हैं। वे सूत्र-साहित्य की मनमाफिक टीकाएँ करने की गलती में नहीं लगे हैं। शास्त्रों के भाष्यों को छोड़ कर वे सीधे कबीर की भाषा में 'आंखन देखी और कानन सुनी' की साखी बोल रहे हैं। प्रेम नाम का पात्र पक्की गवाही दे रहा है "....मेरी आंख खुली, तो देखा कि बाप-बेटी पति-पत्नी की तरह सोए हुए थे। यह क्या हो रहा है? बाप अपनी बेटी के साथ बुरा काम कर रहा है।"[68] उस ने उस फार्म हाउस में एक नौकर के रूप में देखा कि वहाँ 'बाप और बेटी के पवित्र रिश्तों की कोई मर्यादा ही नहीं बची....'[69] थी। उस के शब्दों में, उस फार्म हाउस में 'नरभक्षी औरतों का साम्राज्य'[70] था और वहाँ 'जीती जागती चुड़ैलें रहती हैं।'[71] उस ने बताया है कि उस फार्म हाउस में रंग-बिरंगी पार्टियाँ होती रहती हैं....'[72] और वहाँ 'तथाकथित बड़े लोग आते रहते हैं।'[73]

प्रेम नाम का यह व्यक्ति जो कह गया है, वह वैवाहिक समाज के लिए डूब मरने की चीज है। वह तुलना करके लेखक से कहता है—"हम लोग समाज के सामने कितने ही गिरे हुए समझे जाएँ, लेकिन यह अनैतिक काम तो कोठों पर भी नहीं होता है। कोठों पर देह की बिक्री होती है, नीलामी होती है, लेकिन ग्राहकों में बाप और बेटा नहीं होता। भाई नहीं होता। भले ही बाप, बेटा और भाई अपनी बेटी, बहन और मां के लिए ग्राहक लाता हो, लेकिन उन के साथ....बिस्तर की अपनी मर्यादा है। हम देह की मर्यादाओं का विवशताओं में उल्लंघन करते हैं, लेकिन बिस्तर की मर्यादा का उल्लंघन कभी नहीं करते। हम अपने ही बनाए नियमों का प्राण दे कर भी पालन करते हैं।"[74]

यह सम्वितशास्त्र से जुड़ी हुई आधुनिक समाज में बाप और बेटी के वेदों और पुराणों के ब्रह्मा वाले अनैतिक सम्बन्धों की जानकारी हो गई। लेकिन इन बच्चों का अध यात्मशास्त्र कैसा है? इस में इन की क्या प्राप्ति या क्या योगदान है? जाना जाए कि ये लोग भाग्य, भगवान, नियति और धर्म के बारे में क्या सोचते हैं और पुनर्जन्म के मुहावरे का इस्तेमाल किस ढंग से करते हैं।

माधवी बिल्कुल भाग्यवादी हो गई है। वह कहती है—"....जैसे नाम बदल जाने से मैं वेश्या से पत्नी नहीं बन सकती, वैसे ही हमारा भाग्य नहीं बदल सकता। मेरे भाग्य में भगवान ने अपने घर से वेश्या बनना ही लिख कर भेजा था सो बन गई, भगवान ने लिखा कि मुझे एक नहीं अनेक पुरुषों के साथ सोना पड़ेगा। सो रही हूँ।....कोई भाग्य नहीं बदल सकता।"[75] दीपक के कमरे में बुद्ध का फोटो लगा हुआ था। इस पर माधवी दीपक से कहती है—"देखो, तुमने अपने कमरे में भगवान बुद्ध का चित्र लगा रखा है। भगवान बुद्ध राजा के घर में पैदा हुए थे, लेकिन उन के भाग्य में लिखा था कि राजा के घर का सुख नहीं मिलेगा। नहीं मिला। इसलिए ये सब भाग्य की बातें हैं। अगर भाग्य ठीक होता, तो मेरे माता-पिता मुझे घर से बाहर क्यों करते?"[76] इस पर दीपक माधवी को समझाता है—"....यह भ्रम है कि भाग्य में वेश्या बनना लिखा होता है। यह तो परिस्थितियाँ होती हैं जो इस नरक की तरफ ढकेल देती हैं और मन बहलाने के लिए हम उसे भाग्य का नाम दे देते हैं।"[77]

'भाग्य' शब्द बहुत हलका है, इस विचार को दार्शनिक स्तर पर सशक्त रूप में व्यक्त करने के लिए 'नियति' शब्द का इस्तेमाल किया जाना चाहिए। नियति भाग्य से अलग चीज है। भाग्य मनुष्य को कमजोर बनाता है लेकिन नियति मनुष्य को सुधार और विकास के लिए प्रेरित करती है। इसी प्रेरणार्थक नियतिवाद को शब्दों का जामा पहनाते हुए मनोहर नाम के पात्र ने एक सवाल किया है जिस का जवाब सभ्यता और कानून को देना है। सवाल इस प्रकार है—"अच्छा आप बताइए इस में हमारा कोई दोष है कि हम ऐसी औरत की कोख से जन्मे हैं, जिस के पास सामाजिक मान्यता प्राप्त पति का नाम नहीं है? क्या हम इंसान नहीं हैं? हमारा जन्म एक वेश्या के घर हुआ, इस में हम

क्या करें? क्या कोई जीव यह चुनाव कर सकता है कि वह कहाँ जन्म ले? नहीं, फिर सजा उस व्यक्ति को क्यों नहीं दी जाती है, जिस का हम अंश हैं और जो अपने अंश को स्वीकार नहीं कर रहा? कानून हमारे साथ भेदभाव क्यों कर रहा है?"[78]

भारत में रह कर ऐसा हो नहीं सकता कि किसी गम्भीर किस्म की पुस्तक में पुनर्जन्म का ज़िक्र या प्रयोग न किया जाए। यह किताब भी इस नियम का अपवाद नहीं है कि पुनर्जन्म हिन्दुस्तानियों को खाए जा रहा है। जब दीपक ने मलयाली मछुआरन सुन्दरी से पूछा कि 'क्या पहले के जन्म में तू मोर थी?'[79], तो सुन्दरी उत्तर देती है—"पता नहीं पूर्व जन्म में मैं क्या थी? लेकिन इस जन्म में तो मोरनी जरूर हूँ। नाचते-नाचते मोर जब अपने पैरों को देखता है तो रोने लगता है।"[80] सुन्दरी अपने पिछले जन्म से अनभिज्ञता प्रकट करती है तो अर्जीजा अपने पिछले जन्म पर खुश हो रही है। वह कहती है—"लगता है मैंने पिछले जन्म में जरूर कोई नेक काम किए होंगे जो मुझे दुल्हा मियां मिले और इन बच्चों को बाप मिला।"[81]

पहले के नाम की अरुणा ईश्वर को बिलकुल अलग ढंग से मानती है। वह दार्शनिकों के सिर में दर्द पैदा करने वाली बात कहती है—"यह तो भगवान ही जाने। हम तो उस की औलादें हैं। हमारे साथ जो हो रहा है, वह भगवान की औलाद के साथ हो रहा है। वही सब का बाप है। जब बाप की नजरों के सामने हमारे साथ समाज ऐसा व्यवहार कर रहा है और वह देख रहा है तो हम क्या कहें, किस से कहें?"[82] धर्म यहाँ कैसे चकनाचूर होता है उस की मिसाल समाज सेवी खैराती लाल भोला के इन शब्दों में खदबदाती मिलती है—"....रंडी की औलाद का कौन सा धर्म होगा? क्या पता उस के पास आने वाला किस जाति का था।"[83]

VI

हीनताग्रन्थि का ठिकाना नहीं है। जब बच्चों से पूछा गया कि तुम्हें क्या बनना है तो उन का जवाब इस प्रकार है–"बिना बाप के बच्चों से यह सवाल करना ही बेकार है कि क्या बनना है।"[84] सभ्यता और समाज के मुँह पर इससे बड़ा तमाचा और क्या हो सकता है? इस एक उत्तर ने पूरी संस्कृति को बेशर्म और निकृष्ट घोषित कर दिया है। योग और तथाकथित आध्यात्मिकता की मजाक फोड़ते हुए कहा गया है–"यानी तपस्या के ये ढोंग आसान हैं, अभ्यास करने से आ जाते हैं, लेकिन हम इंसान की औलाद हो कर भी इंसान होने का प्रमाण पत्र नहीं जुटा सकते। इसलिए,....यह सवाल हमारे लिए बेमानी है कि हम क्या बनना चाहते हैं? हमें तो समाज ने पहले ही जो बनाना था, बना दिया।"[85] जो समाजशास्त्री बने फिरते हैं उन के पास बच्चों की इस वेदना का क्या समाधान है? आखिर, समाजशास्त्रियों की पढ़ाई-लिखाई का इन बच्चों को फायदा क्या है? और लो, एक बच्चा पुलिस बनना चाहता है। पर वह पुलिस ही क्यों बनना चाहता है? वह कहता है कि 'कि मैं उन सब बच्चों के लिए पिताओं को ढूंढ कर लाऊँगा जो हमें छोड़ कर चले गए हैं।'[86] वह हाथ में तिरंगा झंडा ले कर छब्बीस जनवरी पर गणतन्त्र दिवस की परेड में शामिल हो कर इण्डिया गेट पर इनाम पाना चाहता है।[87] उस का कहना है कि 'जब बच्चों के पिता मिल जाएंगे, तो बच्चे अपराधी नहीं बनेंगे। उन्हें कोई मारेगा नहीं। अभी तो हर कोई सिर में मारता है तो कोई पुट्ठों पर मारता है।'[88] बात सही है, दीपक का कहना है–"सरकार को देखो, जानवरों को जू में रखती है। उन की देखभाल करती है। बीमार होने पर दवाई देती है। दोनों वक्त खाना दिया जाता है। बहुत सें अफसर तैनात किए जाते हैं, लेकिन हमें तो चिड़ियाघर के जानवरों का दर्जा भी नहीं दिया जा रहा। अरे, हम भी तो मनोरंजन करते हैं। हमारे मनोरंजन पर टैक्स लगा दो, लेकिन हमें इंसान बना दो। सहूलियतें दे दो। जब हम उन नेताओं से, अफसरों से, बिजनस एक्जीक्यूटिव्स से यह कहते हैं कि आप हमारी मां के पास, बहनों के पास दिल

बहलाने आते हैं, तब थोड़ा सा प्रेम हमें भी दे दिया कीजिए। हमें भी इन कोठों की लक्ष्मण रेखा से बाहर आने का मौका दीजिए।''[89]

नुकसान क्या हुआ है? इन बच्चों का बचपन नष्ट हो गया है। यह छोटा नुकसान नहीं है। बचपन नष्ट होने से मनुष्य के बनने की आधारशिला ही नष्ट हो जाती है। मनोहर नाम के पात्र ने अपनी वेदना इन शब्दों में उगल दी है—''हमने ठीक से गुड्डा-गुड़ियों से खेलना नहीं सीखा। हमने अपनी मां की लोरियां नहीं सुनीं। हमें दादा-नानी ने कहानियाँ नहीं सुनाईं। हमारे भाग्य की किताब में बचपन की ये खूबसूरत यादें नहीं लिखी हैं। जो वक्त भगवान ने सब बच्चों के लिए मां की गोद का बनाया है, उस समय हम होते हैं सड़कों पर क्योंकि उस वक्त बंध जाते हैं हमारी मां के पैर में घुंघरू और वाह वाह की थाप पर नोटों की बौछार के बीच छिन जाता है हमारा हक। हमें जबरन धकेल दिया जाता है बाहर। मां की गोद से छीन कर कभी मैडम यानी कोठे की मालिकन, तो कभी दलाल, तो कभी वह मनचला जो रुपया दे कर खरीदने आता है—मनोरंजन और शरीर।''[90]

तभी बाप की याद आती है। इन बच्चों से कोई पूछे कि बाप क्या चीज है। रोजी बता रही है—''अगर हमारे सिर पर भी बाप का साया होता, तो आप जानते हैं, यह सब नहीं होता।''[91] दीपक ने सही कहा है—''....अगर इन के सिर पर भी बाप का साया हो, तो इन का बचपन तो इन से न छिने। बचपन में जो संस्कार इन्हें मिलते हैं जीवन भर ये उन्हीं को ढोते रहते हैं।''[92] बाप के नाम के बिना बच्चों को जो सहने पड़ते हैं उन अपमानों का विकराल रूप है। खुशकिस्मत बच्चों ने स्कूल में प्रेम नाम के पढ़ने वाले बदकिस्मत ऐसे एक बच्चे को तनिक देर में शब्दों के इन बाणों से बींध दिया—''रंडी का कोई एक पति होता है? तेरा बाप एक नहीं है, कई हैं।''[93] इस प्रकरण में दीपक ने राष्ट्रीय और अन्तरराष्ट्रीय कार्यक्रमों और पर्वों में अपने स्थान के लिए भारी-भरकम मन से लेखक को याद दिलाते हुए पूछा है—''....दुनिया भर में तरह-तरह के वर्ष मनाए जाते हैं—बाल वर्ष, बालिका वर्ष, महिला वर्ष, सामाजिक न्याय वर्ष। क्या हम इन में से किसी वर्ष की परिभाषा में नहीं आते? क्या हमारे उद्धार के लिए, हमारी समस्याओं के समाधान के लिए, हमारी ओर ध्यान आकर्षित करने के लिए कोई वर्ष नहीं मनाया जा सकता?''[94]

बचपन का नाश राष्ट्र का नुकसान है। जितने हिस्से का जितना बचपन गया उतने हिस्से का उतना राष्ट्र भी चला जाता है। केवल राष्ट्रगान गा कर या संविधान लिख कर उस की कोई क्षतिपूर्ति सम्भव नहीं है।

VII

इन बच्चों को सभ्य समाज की रग-रग का पता है। इन्हें कोई दिलासा नहीं देता। ये सब के सताए हुए हैं। नार्थ एवेन्यू और साउथ एवन्यू में कुछ छोड़ा ही नहीं गया है, जब न बताते-बताते ही उर्वशी ने सब कुछ बता दिया है—"नहीं बताऊंगी। उन के नाम भी नहीं बताऊंगी। बेचारे कितने जरूरी काम से अपना घर-परिवार, बीबी-बच्चे छोड़ कर देशहित में, संसद में बहस करने के लिए आते हैं। क्या उन्हें मनोरंजन और रिलैक्स होने की जरूरत नहीं होती? अगर वे तनाव रहित रहेंगे, तभी देशहित के काम को ठीक से अंजाम दे सकेंगे। मैं तो देशहित में अपना त्याग करती रही।"[95] आखिर, उर्वशी को ऐसा व्यंग्य करने का अधिकार है।

यह पुस्तक पुलिस वालों के बारे में क्या जानकारी देती है? दुर्भाग्य से, वह भी अच्छी जानकारी नहीं है। पुष्पा कहती है—"और रही पुलिस वाली बात तो वहां का भी तजुर्बा है मुझे। पुलिस वालों का हफ्ता बंधा हुआ है।....जब भी कोई लड़की आती है, पहले उन का दिल खुश करो मुफ्त में, नहीं तो डंडा ले कर आ जाते हैं। कहते हैं यह डंडा देखा है....एक बार औरत आग से बच कर आ सकती है, नदी में से से बच कर आ सकती है, लेकिन पुलिस वालों से नहीं बच सकती। वह जागीरदार हम पिरजा।"[96] पुष्पा की महिला पुलिस के बारे में और भी ज्यादा खराब राय है। वह कहती है—".....ये पुलिस वालियां गालियां जपती हैं। भगवान कसम....हमें शरम आ जाती है उन की गालियां सुन कर।"[97]

इस पुस्तक में फिल्मी लेखकों को भी उन की औकात बता दी गई है। उर्वशी कहती है—"आप को जान कर ताज्जुब होगा कि फिल्मी कहानी लिखने वाले, संवाद और डायलॉग लिखने वाले ज्यादातर चोर होते हैं। हम जैसी औरतों के साथ समय बिता कर उन से आइडिया लेते हैं। मैं इसे प्रेरणा व्रेरणा जैसा नाम नहीं दूंगी।"[98]

और इन सब के बीच या ऊपर कानून क्या होता है? इन बच्चों का कानून पर

अपना पूरा और अलग नजरिया है। पर कानून से भी पहले ये वेश्यावृत्ति का इतिहास और समाज-मनोविज्ञान जानते हैं। महुआ का कहना है—"....जब तक गरीबी रहेगी, अंधविश्वास रहेगा, परेशानियाँ रहेंगी तब तक वेश्याएं बनती रहेंगी। जब तक मर्द और औरत, तब तक वेश्या। जब तक स्वार्थ रहेगा, तब तक वेश्या बनती रहेंगी। जब तक इंसान के दिल में पैसा कमाने का अंधेरा रहेगा तब तक वेश्या का सूरज चमकता रहेगा।"[99] तब इस में कानून क्या करता है? वह कुछ नहीं करता बल्कि वेश्यावृत्ति के समानान्तर चलता है। एक पात्रा का कहना है—"....कानून और कोठे एक साथ चल रहे हैं बरसों से, जैसे रेल की पटरी।.....इधर कानून बना, उधर काट निकली।"[100] ऐसा कहने का उस के पास तर्क है। उस ने अपना तर्क तफसील से रखा है—"कानून की जितनी धाराएं कोठे और कोठे वालियों पर लागू होती हैं, उन सब की काट मालकिन के पास होती है। बड़े-बड़े वकील मशविरा देते हैं। बचने के तरीके बताते हैं। जैसे बाढ़ आती है तो दीवार ऊंची कर दी जाती है, वैसे ही लड़की के जन्म का सर्टिफिकेट मालकिन के पास रहता है। उस नें उमर ज्यादा लिखी होती है। जब सर्टिफिकेट पास में होता है, तब पुलिस कैसे पकड़ेगी? पकड़ भी लेगी तो अदालत छोड़ देगी। आप को तो पता ही है कि कानून तो अंधा है। उसे कुछ नहीं दीखता। दूसरे देखते हैं और उसे बताते हैं। वह सुनता है और फैसला करता है। जब तक कानून अंधा रहेगा, तब तक उमर छलांग लगाती रहेगी।"[101] एक और प्रभाव जन्म कुन्डली का होता है। उस के बारे में कहा गया है—"जन्म कुन्डली का कागज बहुत जरूरी होता है।....जन्म कुंडली में नाम लिखा होता है—पिता का नाम, खानदान का नाम, पैदा होने वाली जगह का नाम, यानी कोठे पर आई हर लड़की की जन्नकुंडली होती है। कानून को बताने के लिए उस का जन्म यहीं हुआ है। कोठा ही कोख होती है, उस की परमानेन्ट। अब बताओ कोई क्या करेगा उसका।"[102] एक और सर्टिफिकेट शादी का होता है। इस के अनुसार हर कोठे वाली औरत शादीशुदा पत्नी होती है। इस का मतलब है कि जो कुछ होता है पति की मर्जी से होता है। पूछने पर रोजी कहती है—"....मैं सचमुच की बातें नहीं कर रही, मैं तो सर्टिफिकेट्स की बातें कर रही हूँ।"[103] वह बताती है—"हर कोठे वाली के पास एक सर्टिफिकेट टंगा रहता है, फ्रेम मे जड़ा हुआ। पति होता है भडुआ। चमचा। नौकर। कचहरी में शादी। शादी का प्रमाण पत्र। फोटो कुछ और इसी तरह की चीजें। दो-चार चिट्ठियाँ अलग-अलग तारीखों की। अलग अलग जगहों से डाली हुईं, उन पर अलग अलग पोस्ट आफिस की मोहर लगी हुई। हो गया न पक्का सबूत शादी का। जब पुलिस ने पकड़ा और कहा कि तुम जिस्म बेचती हो, तो पुलिस के सामने कह दिया—हाँ और अदालत में जा कर कह दिया—न। अदालत को शादी का सबूत बता दिया। सर्टिफिकेट, फोटो, चिट्ठी, कोठे पर ये माल हमेशा स्टॉक में रहता है। समझो, शादीशुदा औरत पर कोई जुर्म नहीं बनता।"[104]

प्रेम ने सभ्य समाज के एक फार्म हाउस की कथा बताने में कानून का मानो सत ही निकाल कर उसे अप्रभावी और पंगु साबित कर दिया है। उस का पूछना है—"कानून! किस कानून की बात कर रहे हैं आप? कानून किस चिड़िया का नाम है? सुनहरी चिड़िया के खूबसूरत पंखों की तरह है कानून। जिस के हाथ जितने मजबूत हैं, जिस के पास जितना धन है, दौलत है, उन्हीं के हाथ तो लगती है कानून की चिड़िया।....कानून की डोर में भ्रष्टाचारी और अनैतिक रुपयों की गाँठें पड़ गई हैं। न्याय की अंधी आँखें कुछ नहीं देख पातीं और कानून के कानों में रुपयों का गरम गरम सीसा पिला दिया गया है। व्याख्याओं का इतना ओवर डोज पिला दिया गया है कि वह एम्मून हो गया है। .....नैतिकता और अनैतिकता की व्याख्या के लिए भी साक्ष्य चाहिए। साक्ष्य कौन देगा? गोली या हन्टर?"[105]

कुछ ऐसा हुआ है कि मानो पुस्तक में आलबेर कामू बोल रहे हैं। जब राजनेता, पुलिस, लेखक और कानून से सामना हुआ तो उन के बाद उपदेशक की बारी ठीक ही आई है। विचार बहुत सही दिशा में चला है कि उपदेशक की बातें भी स्वीकार नहीं की गईं। उपदेशक और सलाहकार के पास उस की अपनी झोली में ऐसा कुछ नहीं है जो इन बच्चों को सन्तुष्टि या सान्त्वना दे सके। दीपक ने एक महत्वपूर्ण बात कही है जो पूरी उपदेश प्रथा के खिलाफ है। दीपक के शब्द हैं—"....अनुभव यह रहा है कि जो मिलने आया, उस ने दूसरे दिन ही उपदेशक का पद धारण कर लिया। दो दिनों की मुलाकात में ही विशेषज्ञ बन गया हमारी समस्याओं का। जुगाली करने लगा उपदेशों की। सलाहकार का पद बहुत महत्वपूर्ण माना जाता है, इसलिए हर व्यक्ति सलाह ले लो की गठरी सिर पर ढोता हुआ गली गली चिल्लाता हुआ मिल जाता है।....मंत्री से लेकर संतरी तक इस देश में हर दिन सलाह का टनों ढेर लगा रहा है। यह करना चाहिए, वह नहीं करना चाहिए। अरे भाई, करके दिखाओ तो बात समझ में आए।"[106] दीपक का कहना है—"अगर कभी मेरे पास सत्ता आ गई, तो मैं इस देश में कानून बना कर सलाह देने पर पाबन्दी लगा दूँगा ताकि हम जैसे नसीब के मारे लोगों को चैन की सांस लेने का समय मिल सके और दिल दिमाग सलाहों से मुक्त रह सके, कम से कम इन बच्चों का.... ।"[107] यहाँ दीपक के मन की यह जलन एकदम सही है। लेकिन समाज में मुसीबत के मारे हुओं को उपदेशकों और सलाहकारों से इसलिए सामना करना पड़ता है क्योंकि कानून और कोर्ट अपना काम नहीं करते। कानून और कोर्ट अपने काम पर डट जाएँ तो लौकिक समाज को किसी बाहरी उपदेश या सलाह की जरूरत नहीं है। उपदेशकों और सलाहकारों की संख्या कम हो तो समाज आगे बढ़े। निम्मी बाई ने पूछा ही है—" ...सुधरा हुआ समाज कब सुधार का रास्ता अपनाएगा?"[108] बात सही है, सुधरा कहा जाने वाला समाज सुधर जाए तो इन बच्चों की सारी समस्याएँ एक झटके में समाप्त हो जाएं।

VIII

इस समस्या का आकार कितना बड़ा है? उत्तर पाने के लिए खैराती लाल भोला के पास चला जाए।

खैराती लाल भोला 'पतिता सुधार संघ' नाम की संस्था के प्रेसीडेन्ट हैं। लेखक उन से मिले हैं। उन्होंने बताया है कि उन की जानकारी के अनुसार भारत 'देश में करीब 817 जगह यानी शहरों और कस्बों में प्रोस्टीट्यूट्स ऑपरेट करती हैं।'[109] धंधा करने वालियों की संख्या जानने के लिए उन्होंने 'टाटा सोशल स्टडीज' वालों को एक एप्लीकेशन दी थी। उन्होंने सर्वे करके सूचना दी है कि 'करीब 20,86,000 वेश्याएँ और करीब 50,00,000 उनके बच्चे होंगे।'[110] एक अन्य अध्ययन के अनुसार भारत में '26 लाख से अधिक वेश्या माताओं के कोई 57 लाख बच्चे हैं।'[111] स्पष्ट है, यह संख्या छोटी नहीं है। छोटी इसलिए नहीं है क्योंकि विश्व के कई राष्ट्रों की जनसंख्याओं से ज्यादा है। लेकिन यह वेश्याओं के बच्चों के सर्वो की बात हुई जबकि ऐसे बच्चों की पैदायश वेश्याओं के कोठों तक सीमित नहीं है। उन से ज्यादा बड़ी संख्या में ये घरों में पाए जाते हैं। बाकी समाज में तथाकथित पत्नीपुत्रों का भी सर्वे कराया जाए तो अवैध जारज सन्तानों की संख्या करोड़ों में मिलेगी। इस वजह से भारत के घर बिगड़े पड़े हैं। यूँ, यहाँ के राष्ट्र में शक्ति नाम की चीज मौजूद नहीं है।

निम्मी बाई कोठे की मालकिन हैं। वह कहती है—"हैं तो ये बड़े बापों की औलादें ही। हमारे यहां कार भेजते हैं बड़े बड़े लोग। अफसर और नेता भी। हमारे दामन में तो दाग लगाते हैं और खुद पाक साफ बने रहना चाहते हैं।"[112] वे इन बड़े लोगों की कायरता का कुल जमा-चिट्ठा खोल देती हैं जब कहती हैं—"इन के बारे में जितना कहा जाए कम है। कमबख्त अपनी हवस के लिए हमें शिकार बनाते हैं। लालच देते हैं। लेकिन सब कुछ चोरी छिपे। मिलते नहीं हैं। बात भी नहीं करते। एक नम्बर के डरपोक—पोल खुलने का डर, समाज का डर। फिर कभी हम लोग उन के घर जाते हैं, तो दरवाजे पर से ही वापस कर देते हैं। मिलते ही नहीं हैं। इन्हीं लोगों की औलादों को

हम पालते हैं।''[113] एक बार निम्मी बाई ऐसे लोगों को अच्छे भी कह गई है—''आखिर बच्चों के बदन में खून तो अच्छे लोगों का है।''[114] यहाँ अच्छे लोगों की परिभाषा जरूर बदली हुई होनी चाहिए। निम्मी बाई ने इन बच्चों को बड़े बापों की औलादें माना है पर उन बड़े बापों ने अपनी ये औलादें तो छोटी कर दी हैं। यहाँ जीन का सिद्धान्त भी फेल हो जाता है जिस की कई नृशास्त्रतज्ञ इतनी वकालत करते हैं।

अजीजा ने अपनी आपबीती बताई है—''मैंने अपने बाप को भी देखा है। जब वह मेरी मां के पास आते थे, तब मुझसे प्यार करते थे। और जब कभी बाजार में या सिनेमा में या कहीं और मिल जाते थे, तो देखते तक नहीं थे। मैं तरस जाती थी उन से बात करने के लिए। अब्बा अब्बा कह कर एक बार जब मैं बाजार में उन से लिपट गई थी, तो उन्होंने अपने दोस्तों के सामने मुझे झिड़क दिया था। अम्मी ने बाजार में माफी मांगी थी, 'माफ करना हुजूर, इस के अब्बा की शक्ल आप से मिलती-जुलती है। बच्ची है, गलती हो गई।'''[115]

तो, यह ज्ञात औलादों के अज्ञात बापुओं की कहानी है। लेकिन ये अज्ञात बाप 'अज्ञात सिंह' कैसे बने हैं? 13 वर्ष का राजकुमार नाम का एक बच्चा कहता है कि 'पिता का सही नाम पता नहीं है लेकिन स्कूल में मेरे पिता का नाम अज्ञात सिंह लिखा हुआ है।'[116] कारण यह है कि स्कूल में नाम लिखते समय 'पिता के नाम के कॉलम में अज्ञात सिंह लिखा देते हैं।'[117]

खैराती लाल भोला ने बहुत सारे बच्चों का बाप बन कर उन्हें स्कूलों में दाखिले दिलवाए हैं। उन्होंने लेखक से कहा है—''....आपको एक बात बताऊँ, जहां बाप के नाम की जरूरत पड़ी, वहां मैंने कहा लिखो मेरा नाम—खैराती लाल भोला। मेरी औलाद हैं ये। मैं हूँ इन का बाप।''[118] भला व्यक्ति जब अकेला हो तो इतना ही अच्छा कर सकता है। अकेले खैराती लाल भोला और क्या करें? उन की मदद में ज्यादा लोग आएँ तो समाधान गुणात्मक रूप में इस दृष्टि से भिन्न हो सकता है कि असली बाप को मुर्गे की तरह गर्दन से पकड़ कर सबके सामने लाया जाएगा।

ये बच्चे बहुत हारे-थके हैं। इन के जीवन में शक्ति नहीं है। ऐसा लगता है, रगों में खून के बजाय पानी बहता है। तभी रेणुका कहती है—''विरोध करना आसान नहीं....। चुप रहना सरल है। और हम लोग समझौता करने वाले हैं।''[119] लेकिन हवाओं में विद्रोह की गूंज विद्यमान है। हर बार पुराने ढर्रे की सोच सम्भव नहीं है। इस के लिए एक जगह बहुत अच्छा सवाल किया गया है कि 'हम यह मान कर क्यों चलें कि भविष्य की पीढ़ी भी समझौता प्रिय होगी।'[120] 'सावधान' नाम की संस्था में काम करते हुए एक इन्जीनियर को जो अनुभव हुए हैं, इस पुस्तक में वे इस प्रकार दर्ज मिलते हैं—''बच्चा लोग की जिन्दगी बहुत खराब है। हमेशा मां से लड़ते हैं। कहते हैं—तू वेश्या क्यों बनी? इस रास्ते पर क्यों चल रही है? मैं किस तरह समाज को अपना मुंह दिखाऊँ। मैं किस

से क्या कहूँ कि मैं किस का बेटा हूँ। कौन है मेरी माँ? कौन है मेरा पिता? आजकल बहुत मारामारी चल रही है। नया छोकरा लोग कुछ सुनने को तैयार नहीं है। वे कहते हैं कि हम समाज से बदला लेंगे।''[121] महुआ नाम का युवक कहता है—''अगर हम भी उन लोगों के नाम उजागर करने लगें जो हमारे घरों पर आते हैं और हम जिन की औलादें हैं, तो फिर देखिए तमाशा।''[122] यूँ, समझौतावाद दफन है और वैध विद्रोह की आग आगे बढ़ रही है।

क्या ये बच्चे कुछ नाजायज मांग मांग रहे हैं? क्या इन की मांग में आकाश और पाताल को एक करने की चाह है? जाना जाए कि इन की मांग में क्या आता है। दीपक ने बताया है—''हमारी संस्था का बहुत छोटा सा मांगपत्र या घोषणा पत्र या चार्टर ऑफ डिमांड है। केवल एक वाक्य, केवल एक लोगो है—'हमें बाप का एक नाम दे दो'।''[123] यह मांग खेकुसुम की कैसे कही जा सकती है? इस में 'चन्द खिलौना लैहो' कहाँ से आ गया? बात बहुत छोटी सी है कि बच्चों को अपने बापों का नाम मिल जाए। बापों के नाम के बिना बच्चों का जीवन अभिशाप बन गया है। भारत में सब से बड़े सामाजिक अभिशाप का नाम छुआछूत है। उसी का जिक्र करते हुए और उसी से तुलना करते हुए पुस्तक के एक पात्र ने पूछा है—''...वेश्याओं के बच्चों ने क्या बिगाड़ा है जो समाज उन के साथ अछूतों सा व्यवहार करता है?''[124] अस्पृश्यता का नाश करने वाले संविधान के अनुच्छेद-17 की कमी इन शब्दों में बताई गई है—''छुआछूत कहने को मिट रही है, लेकिन मास्टर-मास्टरनी तक हमारे बच्चों के साथ अच्छा सलूक नहीं करते। ऐसा लगता है जैसे हम कोई छूत की बीमारी हों। देखो तो जमाना कैसा आ गया है। दुनिया में छुआछूत खत्म हो रही है और हमारे बच्चों के साथ शुरू हो रही है। हमारे लिए आन्दोलन करने वाला कोई नहीं है।''[125]

यह बात भारत के अछूतों से पूछी जाए कि सामाजिक स्वीकृति न मिलने का अर्थ क्या होता है। उन के इस दर्द को वेश्याओं के बच्चे भी महसूस करते हैं। दीपक ने लेखक से कहा ही है—''सामाजिक स्वीकृति से बड़ा कोई सुख नहीं है....। सामाजिक स्वीकृति कैसे मिल सकती है, यही हमारी खोज है, यही हमारा प्रयास है।''[126]

इन बच्चों ने अपनी इस मांग को सामाजिक न्याय की शब्दावली से जोड़ा है। नरेश ने भाषा की इसी संज्ञा को बोलते हुए आशा जताई है—''सामाजिक न्याय का टाइम कैप्सूल कभी तो तैयार हो सकेगा, इसी आशा में हम जी रहे हैं, संस्थाएं बना रहे हैं, आंदोलन चला रहे हैं।''[127] अजीजा को भी यकीन हो चला है—''सामाजिक न्याय की मांग करने का समय तो आ गया है और टाइम कैप्सूल अब जब भी जमीन के भीतर गाड़ा जाएगा, तब हमारा अध्याय भी उस में जुड़ेगा।''[128]

क्या ये बच्चे स्वतन्त्र हैं? देश सन् 1947 में स्वतन्त्र हो गया था पर इन बच्चों की स्वतन्त्रता का क्या हुआ? इन का राष्ट्रीय स्वतन्त्रता का सुख महसूस करने में कितना हिस्सा है? इन्हें क्या मिल रहा है?

इन बच्चों की जिन्दगी का सवाल राष्ट्रीय स्वतन्त्रता आन्दोलन के समय में सामाजिक स्वतन्त्रता की लड़ाई की मांग से जुड़ा है। ये राजनीति की बात नहीं करते बल्कि समाज की बात करते हैं। दीपक ने बड़ी उम्मीद के साथ कहा है–"कोई नहीं जानता कि किस के हाथों कब सुधार लिखा हो। लेकिन रास्ता तो तभी मिलता है, जब हम कोशिश करते हैं।"[129] लेकिन अजीजा ने अपने मसीहा का पूरा आकलन कर लिया है। उसने कहा है–"असल में बात क्या है कि हमारे बीच अभी तक कोई डॉ. भीमराव अम्बेडकर पैदा नहीं हुआ जो अछूतों-दलितों का उद्धार कर सके और उन की रहनुमाई कर सके।"[130]

बहुत बड़ी और बहुत सही बात है कि अपने समाधान के लिए इन बच्चों को भारत के राष्ट्रपिता महात्मा गांधी याद नहीं आए और दलितों के बाबा साहेब डॉ. अम्बेडकर याद आए हैं। राष्ट्रपिता में बच्चों को 'पिता' नहीं मिल पा रहा है तभी वे डॉ. अम्बेडकर के पास जाते हैं क्योंकि उन्हें पता है कि वे ही उन्हें उन का पिता दिलवा सकेंगे। एकदम वाजिब बात है, क्योंकि हिन्दू कोड बिल की लड़ाई डॉ. अम्बेडकर ने शुरू की थी जिस के विरोध में पुराने गांधी समेत आज तक के सारे हिन्दू खड़े हैं।

वेश्यापुत्रों की लड़ाई लड़ने के लिए डा. भीमराव अम्बेडकर के पैदा होने की कामना उचित ही की गई है। इस बड़े न्याय के लिए डॉ. अम्बेडकर जैसी शख्सीयत को ही पैदा होना है। लेकिन दीपक के घर में बुद्ध का चित्र होने के बावजूद, चिन्तन इस जगह पहुँचा है कि बुद्ध से कुछ लाभ नहीं होना। इस पुस्तक के एक महत्वपूर्ण संवाद में कहा भी गया है–"भगवान बुद्ध का यह उपदेश मुझे पसन्द नहीं है–जो जा चुका, उस का शोक कैसा? मृत्यु तो मुक्ति है, फिर उस का शोक कैसा? क्रान्ति के लिए उस क्रान्तिदूत के ये वाक्य अवरोध हैं। विरोध के बिना भविष्य में सुधार की कोई आशा भी नहीं की जा सकती। इसलिए कल को सुधारने के लिए आज का विरोध करना ही होगा। विरोध करने का जो परिणाम होगा, उस के लिए तैयार होना ही होगा। जो भी पहले पहले किसी नये रास्ते पर जाएगा, उस के पैरों में कांटे भी लगेंगे और पत्थर भी चुभेंगे। चलते चलते ही रास्ता साफ होगा।"[131]

लेकिन इस नए सामाजिक न्याय को प्राप्त करने का अन्तिम तरीका क्या है? समझौते के चिन्तन को दूर भगा दिया गया है और राजनैतिक बातों का यहाँ कोई अर्थ नहीं है। तब समाधान क्या है? इस पुस्तक में सब से अच्छी बात यह है कि इस के पात्रों ने लक्ष्य को बहुत साफ तरीके से देख लिया है। उस लक्ष्य को अनवर ने बहुत कम शब्दों में और बहुत अधिक सशक्त शब्दों में इस प्रकार रखा है–"अगर आप सचमुच में चाहते हैं कि कोठे का दरिया बहना बन्द हो जाए, तो इस की सप्लाई लाइन रोकनी होगी।"[132] हाँ, केवल सप्लाई लाइन को काटने की जरूरत है और इस के सिवा कुछ जरूरत नहीं है। यह मानवता के इतिहास में दो हजार साल पहले बड़ी कमी रह गई कि ईसा ने इन

बच्चों की देखरेख तो की लेकिन सप्लाई लाइन काटने का कोई इन्तजाम नहीं किया। उन से पहले बुद्ध की तो सारी कमियाँ ही कमियाँ हैं क्योंकि वे घर को ही छोड़ कर भाग गए थे।

संदर्भ

1. भारत का संविधान, 7 फरवरी, 2003, को यथाविद्यमान, विधि साहित्य प्रकाशन, भारत सरकार, भारतीय विधि संस्थान भवन, भगवान दास मार्ग, दिल्ली-110001, संस्करण 2003, पृ.-7
2. नाम चाहिए एक बाप का, वीरेन गोहिल, ज्ञान भारती, 4/14, रूप नगर, दिल्ली-110007, प्रथम संस्करण, 2003, प्राक्कथन : सौंदर्य, कविता और दर्शन की पगडंडियाँ, कन्हैया लाल नन्दन, पृ.-viii
3. वही, पृ.-viii
4. नाम चाहिए एक बाप का, वीरेन गोहिल, ज्ञान भारती, 4/14, रूप नगर, दिल्ली-110007, प्रथम संस्करण 2003, पृ.-34
5. वही, पृ.-58
6. वही, पृ.-59
7. वही, भूमिका : बाप के नाम की ग्रामर, वीरेन गोहिल, पृ.-xiv
8. नाम चाहिए एक बाप का, वीरेन गोहिल, ज्ञान भारती, 4/14, रूप नगर, दिल्ली-110007, प्रथम संस्करण 2003, पृ.-13
9. वही, भूमिका : बाप के नाम की ग्रामर, वीरेन गोहिल, पृ.-xii
10. नाम चाहिए एक बाप का, वीरेन गोहिल, ज्ञान भारती, 4/14, रूप नगर, दिल्ली-110007, प्रथम संस्करण 2003, पृ.-3
11. वही, प्राक्कथन : सौंदर्य, कविता और दर्शन की पगडंडियाँ, कन्हैया लाल नन्दन, पृ.-vii
12. वही, प्राक्कथन : सौन्दर्य, कविता और दर्शन की पगडंडियाँ, कन्हैयालाल नन्दन, वही, पृ.-vii
13. नाम चाहिए एक बाप का, वीरेन गोहिल, ज्ञान भारती, 4/14, रूप नगर, दिल्ली-110007, प्रथम संस्करण 2003, पृ.-3
14. वही, पृ.-3
15. वही, पृ.-117
16. वही, पृ.-118
17. वही, पृ.-9
18. वही, पृ.-5-6
19. वही, पृ.-5
20. वही, पृ.-55
21. वही, पृ.-120
22. वही, पृ.-114
23. वही, पृ.-114
24. वही, पृ.-96
25. वही, पृ.-119
26. वही, पृ.-109
27. वही, पृ.-115
28. वही, पृ.सं.-115
29. वही, पृ.-78
30. वही, पृ.-79

31. वही, पृ.-80
32. वही, पृ.-62
33. वही, पृ.-62-3
34. वही, पृ.-53
35. वही, पृ.-53
36. वही, पृ.-106
37. वही, पृ.-106
38. वही, पृ.-106
39. वही, पृ.-115
40. वही, पृ.-77
41. वही, पृ.-47
42. वही, पृ.-4
43. वही, पृ.-28
44. वही, पृ.-32
45. वही, पृ.-33
46. वही, पृ.-95-6
47. वही, पृ.-9
48. वही, पृ.-74
49. वही, पृ.-46
50. वही, पृ.-47
51. वही, पृ.-12
52. वही, पृ.-121
53. वही, पृ.-121
54. कौटिलीयम् अर्थशास्त्रम्, व्याख्याकार वाचस्पति गैरोला, चौखम्भा विद्या भवन चौक, पो. बा. नं. 69, वाराणसी-221001, तृतीय संस्करण 1984, पृ.-208
55. वही, पृ.-211
56. वही, पृ.-209
57. नाम चाहिए एक बाप का, वीरेन गोहिल, ज्ञान भारती, 4/14, रूप नगर, दिल्ली-110 007, प्रथम संस्करण-2003, पृ.-51
58. वही, पृ.-5
59. वही, पृ.-111
60. वही, पृ.-114
61. वही, पृ.-4
62. वही, पृ.-99
63. वही, पृ.-99
64. वही, पृ.-61
65. वही, पृ.-9
66. वही, पृ.-43
67. वही, पृ.-43
68. वही, पृ.-35
69. वही, पृ.-36
70. वही, पृ.-37
71. वही, पृ.-37
72. वही, पृ.-38
73. वही, पृ.-38
74. वही, पृ.-38
75. वही, पृ.-94
76. वही, पृ.-94
77. वही, पृ.-95
78. वही, पृ.-8
79. वही, पृ.-76
80. वही, पृ.-76
81. वही, पृ.-66
82. वही, पृ.-84
83. वही, पृ.-103
84. वही, पृ.-18
85. वही, पृ.-18
86. वही, पृ.-17
87. वही, पृ.-17
88. वही, पृ.-18
89. वही, पृ.-10
90. वही, पृ.-16
91. वही, पृ.-72
92. वही, पृ.-15
93. वही, पृ.-8
94. वही, पृ.-10
95. वही, पृ.-48
96. वही, पृ.-87
97. वही, पृ.-86
98. वही, पृ.-50
99. वही, पृ.-93
100. वही, पृ.-71
101. वही, पृ.-70
102. वही, पृ.-71
103. वही, पृ.-71

104. वही, पृ.-72

105. वही, पृ.-39

106. वही, पृ.-96-7

107. वही, पृ.-97

108. वही, पृ.-106

109. वही, पृ.-101

110. वही, पृ.-101

111. वही, भूमिका : बाप के नाम की ग्रामर, वीरेन गोहिल, पृ.-xv

112. नाम चाहिए एक बाप का, वीरेन गोहिल, ज्ञान भारती, 4/14, रूप नगर, दिल्ली-110007, प्रथम संस्करण 2003, पृ.-104

113. वही, पृ.-104

114. वही, पृ.-104

115. वही, पृ.-66

116. वही, पृ.-115

117. वही, पृ.-110

118. वही, पृ.-103

119. वही, पृ.-96

120. वही, पृ.-96

121. वही, पृ.-89

122. वही, पृ.-92

123. वही, पृ.-9

124. वही, पृ.-89

125. वही, पृ.-86-7

126. वही, पृ.-10

127. वही, पृ.-63

128. वही, पृ.-68

129. वही, पृ.-67

130. वही, पृ.-67

131. वही, पृ.-96

132. वही, पृ.-82

संदर्भ साहित्य

I. हिन्दी पुस्तकें

1. उर्दू-हिन्दी शब्दकोश, संकलनकर्ता, मुहम्मद मुस्तफा खाँ 'मद्दाह', उत्तर प्रदेश हिन्दी संस्थान, राजर्षि पुरुषोत्तम दास टण्डन हिन्दी भवन, महात्मा गांधी मार्ग, लखनऊ, सप्तम संस्करण 1992
2. कबीर समग्र : द्वितीय खण्ड, डा. युगेश्वर, हिन्दी प्रचारक पब्लिकेशन्स प्रा. लि., सी-21/30, पिशाच मोचन, वाराणसी-221010, प्रथम संस्करण 1997
3. कबीर समग्र, प्रथम खण्ड, सम्पादक और लेखक प्रो. युगेश्वर, हिन्दी प्रचारक संस्थान, पो. बा. 1106, पिशाच मोचन, वाराणसी-221010, द्वितीय संस्करण 1995
4. कामसूत्रम्, वात्स्यायन, हिन्दी व्याख्याकार देवदत्त शास्त्री, चौखम्भा संस्कृत संस्थान, पो. बा. नं. 1139, के. 37/116, गोपाल मन्दिर लेन, वाराणसी-221001, सप्तम संस्करण वि. सं. 2060
5. कौटिलीयम् अर्थशास्त्रम्, व्याख्याकार वाचस्पति गैरोला, चौखम्भा विद्या भवन चौक, पो. बा. नं. 69, वाराणसी-221001, तृतीय संस्करण 1984
6. नाम चाहिए एक बाप का, वीरेन गोहिल, ज्ञान भारती, 4/14, रूप नगर, दिल्ली-110007, प्रथम संस्करण 2003
7. भारत का संविधान, 7 फरवरी, 2003 को यथा विद्यमान, विधि साहित्य प्रकाशन, भारत सरकार, भारतीय विधि संस्थान भवन, भगवान दास मार्ग, नई दिल्ली-110001, संस्करण 2003

II. English Books

1. A Dictionary of Buddhism, Damien Keown, Oxford University Press, Great Clarendon Street, Oxford 0X2 6DP, Ist Edition-2003
2. The Constitution of India with Selective Comments by P.M. Bakshi, Universal Law Publishing Co. Pvt. Ltd., C-FF-1A, Ansal's Dilkhush Industrial Estate, G.T. Karnal Road, Delhi-110033, Updated Reprint 2003
3. The Penguin Book of Hindu Names, Maneka Gandhi, Penguin Books India (P) Ltd., 11 Community Centre, Panchsheel Park, New Delhi-110017, India, Edition 1993
4. A Sanskrit-English Dictionary, Monier Monier-William, Motilal Banarsidass, 41 U.A. Bungalow Road, Jawahar Nagar, Delhi-110007, Reprint 1997

डा. धर्मवीर के स्त्री सम्बन्धी साहित्य पर बहस

1. अठारवहीं (शब्द 'उन्नीसवीं' होना चाहिए) सदी में उभरा मुक्ति का स्वर, मुकुल प्रियदर्शिनी, जनसत्ता, 16 अप्रैल 1989, नई दिल्ली
2. 'अनुगूँज' की गम्भीरता, डॉ. सुकीर्ति गुप्ता, कथादेश, सहयात्रा प्रकाशन प्रा. लि., सी-52/जेड-3, दिलशाद गार्डन, जनवरी 2004, दिल्ली–110095, पृ.-9
3. अपनी भैंस कुल्हाड़ी से नाथूँ, तुम्हें क्या?, बालेश्वर राम, कथादेश, सहयात्रा प्रकाशन प्रा. लि., सी-52/जेड-3, दिलशाद गार्डन, दिल्ली-110095, जून 2003, पृ.-5
4. अपने गिरेबान में तो झांकिए, अनिता भारती, हंस, अक्षर प्रकाशन प्रा. लि., 2/36, अन्सारी रोड, दरियागंज, नई दिल्ली-110002, नवम्बर 2003, पृ.-10-11
5. अर्धनारीश्वर, विष्णु प्रभाकर (साहित्य अकादमी से पुरस्कृत इस उपन्यास में 'सीमन्तनी उपदेश' का शीर्षक ज्यों का त्यों रखा गया है लेकिन सम्पादक के रूप में मेरा नाम बदल दिया है। मैंने उन से अनुरोध किया है कि इतिहास का विषय होने की वजह से मेरा नाम भी ज्यों का त्यों रखा जाए। उन्होंने मेरा तर्क स्वीकार किया है।)
6. आए थे हरि भजन को..., कमाल अहमद, कथादेश, सहयात्रा प्रकाशन प्रा. लि., सी-52/जेड-3, दिलशाद गार्डन, दिल्ली-110095, नवम्बर 2003, पृ.-7-8
7. आकर्षक मुखपृष्ठ, डा. प्रमोद कुमार सिंह, कथादेश, सहयात्रा प्रकाशन प्रा. लि., सी-52/जेड-3, दिलशाद गार्डन, दिल्ली-110095, दिसम्बर 2003, पृ. 6
8. आजादी के मायने, मंजू देवी, हंस, नवम्बर 2004, 2/36, अन्सारी रोड, दरियागंज, नई दिल्ली-110002, पृ.-63
9. आन्दोलन के रूप में शिवमूर्ति, उमाकान्त 'राही', कथादेश, सहयात्रा प्रकाशन प्रा. लि., सी-52/जेड-3, दिलशाद गार्डन, दिल्ली-110095, दिसम्बर 2003, पृ.-4
10. इस में गलत क्या है, विद्या लाल, कथादेश, सहयात्रा प्रकाशन प्रा. लि., सी-52/जेड-3, दिलशाद गार्डन, दिल्ली-110095, अगस्त 2003, पृ.-83
11. उन्नीसवीं सदी के स्त्री-स्वर, संजीव, लोकमत समाचार, नागपुर, 26 सितम्बर 2004, पृ.-2

12. एक दौड़ती कड़वी सच्चाई, वेद प्रकाश दुबे, चौथी दुनिया, 16 से 22 जुलाई, 1989, पृ.-14
13. औरतों का नजरिया : सीमन्तनी उपदेश, वीर भारत तनवार, उन की पुस्तक 'रस्साकशी : 19वीं सदी का नवजागरण और पश्चिमोत्तर प्रान्त' में, सारांश प्रकाशन प्राइवेट लिमिटेड, 142-ई, पाकेट-4, मयूर विहार-1, दिल्ली-110091, प्रथम संस्करण 2002, पृ.-221-236, 240, 244
14. औलाद चाहने वाली एक औरत का हाल, दैनिक नवभारत टाइम्स, रविवारीय, 27 नवम्बर 1988, पृ.-3, कालम 3-6
15. 'कफन' और 'दलित स्त्री विमर्श', अनिता भारती, कृति संस्कृति संधान, बी-2/51, रोहिणी सेक्टर-16, दिल्ली-110085, अप्रैल-दिसम्बर 2003, पृ.-209-13
16. 'काश पूछो कि मुद्दा क्या है....!' परिभाषाओं का संघर्ष, पुरुषोत्तम अग्रवाल, कथादेश, सहयात्रा प्रकाशन प्रा. लि., सी-52/जेड-3, दिलशाद गार्डन, दिल्ली-110095, नवम्बर, 2003, पृ.-38-43
17. काश! फलक विस्तृत होता, अनिता भारती, कथादेश, सहयात्रा प्रकाशन प्रा. लि., सी-52/जेड-3, दिलशाद गार्डन, दिल्ली-110095, जून 2003, पृ.-63
18. को बड़ छोट कहत अपराधू, कविता, कथादेश, सहयात्रा प्रकाशन प्रा. लि., सी-52/जेड-3, दिलशाद गार्डन, दिल्ली-110095, अगस्त 2003, पृ.-81-2
19. क्या स्त्री विरोधी हैं दलित लेखक?, सुमन प्रभा, दलित प्रक्रिया, अक्तू-नवम्बर 1994, पृ.-5-7
20. क्या हम आपकी खेती हैं?, रजनी तिलक, कथादेश, सहयात्रा प्रकाशन प्रा. लि., सी-52/जेड-3, दिलशाद गार्डन, दिल्ली-110095, अगस्त 2003, पृ. -79-81
21. खूबसूरत दुश्मनों के बीच, देवदत्त, जनसत्ता, दिल्ली, 3 अगस्त 2003
22. गर दलित पत्नी सताए तो डॉ. धर्मवीर को बताएँ, अनीता भारती, युद्धरत आम आदमी, रमणिका फाउन्डेशन, A-2-21, डिफेन्स कालोनी, नई दिल्ली-110024, जनवरी-मार्च 2005, पृ.-74-7
23. चूक गए, जोखिम देवलिया, हंस, अक्षर प्रकाशन प्रा. लि., 2/36, अन्सारी रोड, दरिया गंज, नई दिल्ली-110002, नवम्बर 2003, पृ.-11
24. जीवन की अनुगूँज, यशवन्त पाल, कथादेश, सहयात्रा प्रकाशन प्रा. लि., सी-52/जेड-3, दिलशाद गार्डन, दिल्ली-110095, दिसम्बर 2003, पृ.-4
25. जेवर-गहने से पीछा क्यों नहीं छूटता!, सम्पादक, चौथी दुनिया, 16 से 22 जुलाई, 1989, पृ.-14
26. टापू नहीं है कोई भी, ललित कार्तिकेय, कथादेश, सहयात्रा प्रकाशन प्रा. लि., सी-52/जेड-3, दिलशाद गार्डन, दिल्ली-110095, सितम्बर-2003, पृ. -60-61
27. तिहरा अभिशाप अर्थात् दलित अस्मिता विमर्श में स्त्री, बजरंग बिहारी तिवारी, हंस, अक्षर प्रकाशन प्रा. लि., 2/36, अन्सारी रोड, दरियागंज, नई दिल्ली-110002, जुलाई 2000, पृ.-91

28. दलित-अस्मिता के लिए गठबन्धन जरूरी, ईश कुमार गंगानिया, 27-घौंडली, कृष्णा नगर, दिल्ली-110051, अप्रैल-जून 2004, पृ.-53-56, 71
29. दलित आन्दोलन : भविष्यदृष्टि का प्रश्न, सुभाष गाताडे, कथादेश, सहयात्रा प्रकाशन प्रा. लि., सी-52/जेड-3, दिलशाद गार्डन, दिल्ली-110095, अगस्त 2003, पृ.-84-6
30. दलित दर्शन या दलित मनुवाद!, सुमन प्रभा, समकालीन जनमत, 16-31 जुलाई 1995, पृ.-29-31
31. दलित दर्शन : सीमित दायरे की बहस, अखिलेश, समकालीन जनमत, 1-15 सितम्बर, 1995, पृ.-26
32. दलितों में दलित है स्त्री, पुष्पा विवेक, कथादेश, सहयात्रा प्रकाशन प्रा. लि., सी-52/जेड-3, दिलशाद गार्डन, दिल्ली-110095, जून 2003, पृ. -61-2
33. दलित साहित्य वयस्क हो रहा है, मोहन दास नैमिशराय से ईश कुमार गंगानिया की बातचीत, अपेक्षा, 27-घोंडली, कृष्णा नगर, दिल्ली-110 051, अप्रैल-जून 2004, पृ.-37
34. दलित साहित्य-विमर्श में स्त्री, बजरंग बिहारी तिवारी, कथादेश, सहयात्रा प्रकाशन प्रा. लि., सी-52/जेड-3, दिलशाद गार्डन, दिल्ली-110095, जनवरी 2003, पृ. -39-49
35. दलित स्त्री का कब्जाकरण, रमणिका गुप्ता, कथादेश, सहयात्रा प्रकाशन प्रा. लि., सी-52/जेड-3, दिलशाद गार्डन, दिल्ली-110095, जुलाई 2003, पृ. -61-5
36. दृष्टि का दंश, विद्या रानी, हंस, 2/36, अन्सारी रोड, दरिया गंज, नई दिल्ली-110002, अगस्त 1999, पृ.-96
37. देवदत्त क्यों हँसे?, धर्मवीर, जनसत्ता, नई दिल्ली, 6 जुलाई 2003
38. धर्मवीर की नैतिकता, अनिता भारती, कथादेश, सहयात्रा प्रकाशन प्रा. लि., सी-52/जेड-3, दिलशाद गार्डन, दिल्ली-110095, नवम्बर 2003, पृ. -6-7
39. नयी जान आ गयी है, पवन कुमार सिंह, कथादेश, सहयात्रा प्रकाशन प्रा. लि., सी-52/जेड-3, दिलशाद गार्डन, दिल्ली-110095, सितम्बर 2003
40. नारी की अन्तर्वेदना की सफ़ल अभिव्यक्ति : सीमन्तनी उपदेश, नगर संवाददाता, दैनिक वीर अर्जुन, नई दिल्ली संस्करण, 24 नवम्बर 1988, पृ.-3, कालम-7-8
41. नारी जागरण का उद्घोष, डा. हरिमोहन, आजकल, जून 1989, पृ.-41-2
42. नारी मुक्तिकाव्य, मंजू देवी, हंस, 2/36, अन्सारी रोड, दरियागंज, नई दिल्ली-110002, अगस्त 1999, पृ.-96
43. नारीवाद बनाम देहवाद, सुभाष धायल, जनसत्ता, नई दिल्ली, 21 अक्टूबर 2004
44. नारी वादिनों को शुभकामनाएँ, सत्यपाल सिंह, कथादेश, सहयात्रा प्रकाशन प्रा. लि., सी-52/जेड-3, दिलशाद गार्डन, दिल्ली-110095, जुलाई 2003, पृ.-65
45. नारी समस्या का जीवन्त दस्तावेज, सुरेश कुमार, समीक्षायन, पृ.-68-9
46. निशाने से आगे, देवदत्त, जनसत्ता, दिल्ली, 8 जून, 2003, पृ-7
47. परछाईं से संघर्ष करती नारी, राज भारती, समकालीन जनमत, 1-15 सितम्बर 1995, पृ.-25-6

48. पाठक प्रतिक्रिया, रमेश निर्मल, अपेक्षा, 27-घौंडली, कृष्णा नगर, दिल्ली-110 051, अक्टूबर-दिसम्बर 2003, पृ.-2-3

49. पाठकों को इतना मूर्ख क्यों समझते हैं?, डा. प्रमोद कुमार सिंह, कथादेश, सहयात्रा प्रकाशन प्रा. लि., सी-52/जेड-3, दिलशाद गार्डन, दिल्ली-110095, जून 2003, पृ.-6

50. प्रस्तावना, कुसुम चतुर्वेदी, नया मानदण्ड, आचार्य रामचंद्र शुक्ल साहित्य शोध संस्थान, दुर्गाकुण्ड, वाराणसी, अप्रैल-जून 2003, पृ.-9

51. बंटवारा सम्भव नहीं, हरीश कुमार, हंस, अक्षर प्रकाशन प्रा. लि., 2/36, अन्सारी रोड, दरियागंज, नई दिल्ली-110002, अक्टूबर 2004, पृ.-9

52. बदमाशों की हालत, चौथी दुनिया, 30 जुलाई से 5 अगस्त, 1989, पृ.-14

53. 'बहस, वाह भई, वाह', मुन्नी चौधरी, कथादेश, सहयात्रा प्रकाशन प्रा. लि., सी-52/जेड-3, दिलशाद गार्डन, दिल्ली-110095, सितम्बर 2003, पृ.-6

54. बहस का अन्त स्त्री से होना चाहिए, रजनी तिलक, कथादेश, सहयात्रा प्रकाशन प्रा. लि., सी-52/जेड-3, दिलशाद गार्डन, दिल्ली-110095, नवम्बर 2003, पृ.-6

55. बेजोड़ है, गोविन्द सेन, कथादेश, सहयात्रा प्रकाशन प्रा. लि., सी-52/जेड-3, दिलशाद गार्डन, दिल्ली-110095, जून 2003, पृ.-5

56. बेहद मर्मस्पर्शी, गन्धर्व आनन्द, कथादेश, सहयात्रा प्रकाशन प्रा. लि., सी-52/जेड-3, दिलशाद गार्डन, दिल्ली-110095, सितम्बर 2003, पृ.-6

57. मनुवाद का नया संस्करण, विमल थोरात, कथादेश, सहयात्रा प्रकाशन प्रा. लि., सी-52/जेड-3, दिलशाद गार्डन, दिल्ली-110095, जुलाई 2003 पृ.-66-9

58. मंच और डा. धर्मवीर, महेश चन्द्र पुनेठा, समकालीन जनमत, 1-15 सितम्बर 1995, पृ. -4-5

59. मान न मान, मैं तेरा मेहरबान, मैत्रेयी पुष्पा, कथादेश, सहयात्रा प्रकाशन प्रा. लि., सी-52/जेड-3, दिलशाद गार्डन, दिल्ली-110095, जून 2003, पृ.-58-61

60. मानव विरोधी और फासिस्ट सोच, सुदीप्ति, कथादेश, सहयात्रा प्रकाशन प्रा. लि., सी-52/जेड-3, दिलशाद गार्डन, दिल्ली-110095, जून 2003, पृ.-62-3

61. मुँह में राम...., रमेश निर्मल, कथादेश, सहयात्रा प्रकाशन प्रा. लि., सी-52/जेड-3, दिलशाद गार्डन, दिल्ली-110095, सितम्बर 2003, पृ.-61-4

62. मुझ को डर आतिशे गुल से है....: अस्मिता विमर्श : एक पड़ताल, पुरुषोत्तम अग्रवाल, कथादेश, सहयात्रा प्रकाशन प्रा. लि., सी-52/जेड-3, दिलशाद गार्डन, दिल्ली-110095, फरवरी 2003, पृ.-31-8

63. मेरा दुश्मन मेरा दोस्त, अंशुमाली रस्तोगी, हंस, अक्षर प्रकाशन प्रा. लि., 2/36, अन्सारी रोड, दरियागंज, नई दिल्ली-110002, दिसम्बर 2003, पृ.-14

64. मेरी चिन्ता छोड़ बावरे कर तू अपनी चिन्ता, संजीव चन्दन, पुस्तक वार्ता, नवम्बर-दिसम्बर 2004, महात्मा गांधी अन्तरराष्ट्रीय हिन्दी विश्वविद्यालय, पोस्ट बाक्स नं.-16, पंचटीला, उमरी, वर्धा-442001

65. यह ब्राह्मणवादी षडयन्त्र है, अजय नावरिया, कथादेश, सहयात्रा प्रकाशन प्रा. लि., सी-52/जेड-3, दिलशाद गार्डन, दिल्ली-110095, अगस्त 2003, पृ.-83
66. रोटी कपड़ा लो, और तुम्हें कुछ अख्तियार नहीं, अरुण प्रकाश, अलाव, पृ.-30-33, साभार, चौथी दुनिया, 20-26 अगस्त 1989, पृ.-13
67. लिखा लेने का दंभ, मीनाक्षी सखी, हंस, अक्षर प्रकाशन प्रा. लि., 2/36, अन्सारी रोड, दरियागंज, नई दिल्ली-110002, अक्टूबर 2004, पृ.-11-2
68. विधवा विवाह क्यों नहीं कर सकती, सम्पादक, चौथी दुनिया, 23 से 29 जुलाई 1989, पृ.-14
69. विवाह एक पवित्र बन्धन, प्रतिभा अग्रवाल, जनसत्ता, दिल्ली, 2 जुलाई 2003
70. विवाह की मर्यादा एक पवित्र धोखा, मैत्रेयी पुष्पा, जनसत्ता, दिल्ली, 15 जून 2.
71. विवाहेतर सम्बन्ध मुक्ति का स्वर्गद्वार नहीं, सुदीप्ति, जनसत्ता, दिल्ली, 29 जून 2003
72. विवाह-संस्था अन्यायपूर्ण, यशदेव शल्य, जनसत्ता, दिल्ली, 29 जून 2003
73. विवेकानन्द के माहौल में...., शैलेन्द्र कुमार त्रिपाठी, हंस, 2/36, अन्सारी रोड, दरिया गंज, नई दिल्ली-110002, नवम्बर 2002, पृ.-62-3
74. वैवाहिक बन्धन अगर धोखा हो तो नकार देना चाहिए, उमाकान्त राही, कथादेश, सहयात्रा प्रकाशन प्रा. लि., सी-52/जेड-3, दिलशाद गार्डन, दिल्ली-110095, अगस्त 2003, पृ.-4
75. सच कहने का साहस, वैद्यनाथ मिश्र, कथादेश, सहयात्रा प्रकाशन प्रा. लि., सी-52/जेड-3, दिलशाद गार्डन, दिल्ली-110095, जनवरी 2004, पृ.-7
76. संघर्ष का बँटवारा नहीं किया जा सकता, शरण कुमार लिम्बाले से बजरंग बिहारी तिवारी की बातचीत, कथादेश, सहयात्रा प्रकाशन प्रा. लि., सी-52/जेड-3, दिलशाद गार्डन, दिल्ली-110 095, अगस्त 2004, पृ.-55-7
77. सन्त को नमन, वोल्गा, कथादेश, सहयात्रा प्रकाशन प्रा. लि., सी-52/जेड-3, दिलशाद गार्डन, दिल्ली-110095, दिसम्बर 2003, पृ. 5-6
78. सवर्ण पति बनाम दलित पति, प्रभा खेतान, कथादेश, सहयात्रा प्रकाशन प्रा. लि., सी-52/जेड-3, दिलशाद गार्डन, दिल्ली-110095, जून 2003, पृ.-53-8
79. सार्थक बहस, नरेन्द्र, कथादेश, सहयात्रा प्रकाशन प्रा. लि., सी-52/जेड-3, दिलशाद गार्डन, दिल्ली-110095, सितम्बर 2003, पृ.-6
80. सीमन्तनी उपदेश, समीक्षक हरीश भादानी, नया शिक्षक, टीचर टुडे, जनवरी-मार्च, 1989, पृ.-89, 101
81. 'सीमन्तनी उपदेश' पुस्तक पर चर्चा, नवभारत टाइम्स, नई दिल्ली संस्करण, 24 नवम्बर, 1988, पृ.-1, कालम-1
82. सीमन्तनी उपदेश लेखिका : एक अज्ञात औरत, समीक्षक डा. मो. दि. पराडकर, हिन्दी संघ समाचार, अखिल भारतीय हिन्दी संस्था संघ, नई दिल्ली, मार्च, अप्रैल, मई, 1989, पृ.-56-7
83. स्त्रियों की मर्यादा निर्धारित करने वाले चौधरी धर्मवीर, कौसल्या बैसन्त्री, हंस, 2/36, अन्सारी रोड, दरियागंज, नई दिल्ली-110002, दिसम्बर 2004, पृ.-60-62

84. स्त्रियों की स्थिति पर अनाम औरत की टिप्पणियाँ, मृणाल पांडे, हिन्दुस्तान, नई दिल्ली, 27 जून, 2004
85. स्त्रियों में आत्मसजगता जरूरी है, उत्तिमा केशरी, कथादेश, सहयात्रा प्रकाशन प्रा. लि., सी-52/जेड-3, दिलशाद गार्डन, दिल्ली-110095, सितम्बर 2003, पृ.-6-7
86. स्त्री और दलित प्रश्न, सुदेश तनवीर, कथादेश, सहयात्रा प्रकाशन प्रा. लि., सी-52/जेड-3, दिलशाद गार्डन, दिल्ली-110095, सितम्बर 2003, पृ.-5-6
87. स्त्री-कुंठा, ध्रुव प्रकाश सिंह, कथादेश, सहयात्रा प्रकाशन प्रा. लि., सी-52/जेड-3, दिलशाद गार्डन, दिल्ली-110095, जुलाई 2003, पृ.-7
88. स्त्री विमर्श का शुरुआती पाठ, संजीव ठाकुर, राष्ट्रीय सहारा, 9 अगस्त 2004, www.rashtriyasahara.com
89. स्त्री विमर्श के केन्द्र में देह, मनोज कुमार झा, कथादेश, सहयात्रा प्रकाशन प्रा. लि., सी-52/जेड-3, दिलशाद गार्डन, दिल्ली-110095, दिसम्बर 2003, पृ.-5
90. स्पष्टीकरण का इच्छुक, शेखर, कथादेश, सहयात्रा प्रकाशन प्रा. लि., सी-52/जेड-3, दिलशाद गार्डन, दिल्ली-110095, दिसम्बर 2003, पृ.-5
91. हर अवसर के लिए गांधी, देवदत्त, जनसत्ता, दिल्ली, 13 जुलाई 2003
92. हमें आप के फतवे की परवाह नहीं, प्रोमिला, कथादेश, सहयात्रा प्रकाशन प्रा. लि., सी-52/जेड-3, दिलशाद गार्डन, दिल्ली-110095, जुलाई 2003, पृ.-69

•••